AI와 인간 자유

AI문고

인공지능 시대입니다. 기계가 인간의 인지를 대신하고, 사물이 인간을 통하지 않고 다른 사물과 직접 커뮤니케이션합니다. 이에 따른 인간 삶과 문명 변화를 정확히 이해 · 예측 · 대응하는 것은 이 시대 우리 모두의 과제입니다. AI문고는 인공지능 기술과 환경의 여러 주제를 10가지 키워드로 정리합니다. 관련 개념과 이론, 학계와 산업계의 쟁점, 우리 일상의 변화를 다룹니다. 인간과 기술의 현재, 미래를 세심히 분석합니다.

일러두기

- 인명, 작품명, 저서명, 개념어 등은 한글과 함께 괄호 안에 해당 국가의 원어를 병기했습니다.
- 외래어 표기는 현행 어문규정의 외래어표기법을 따랐습니다. 다만 '딥러닝', '딥마인드', '딥페이크' 등은 관행을 따랐습니다.

처음이세요?

전문가세요?

AI와 인간 자유

방은찬

대한민국, 서울, 커뮤니케이션북스, 2024

AI와 인간 자유

지은이 방은찬
펴낸이 박영률

초판 1쇄 펴낸날 2024년 12월 18일

커뮤니케이션북스(주)
출판 등록 2007년 8월 17일 제313-2007-000166호
02880 서울시 성북구 성북로 5-11
전화(02) 7474 001, 팩스(02) 736 5047
commbooks@commbooks.com
www.commbooks.com

ISBN 979-11-7307-281-9 03500

책값은 뒤표지에 표시되어 있습니다.

차례

AI와 인간 자유 간 상관관계

인간 자유의 현대적 개념이 정립된 것, 그리고 인간 자유를 권리로 온전히 누릴 수 있게 된 것은 인류사를 고려한다면 그리 오래된 것은 아니다. 현대적 의미의 인간 자유는 르네상스 휴머니즘으로부터 시작되어 계몽주의 휴머니즘을 거치며 발전했다. 신 중심 사회였던 중세 시대의 질서가 남아 있던 르네상스 당시에 인간은 우주 계층구조에서 하위 존재자와 신의 사이에서 매개자이자 중간자인 존재로 여겨졌다. 이러한 르네상스 시대의 인간관은 인간이 자유로운 선택에 따라 어떠한 존재라도 될 수 있다고 생각하게 했다. 이후 계몽주의에 와서 인간은 신으로부터 독립된 이성적 주체로 홀로 서게 되었다. 그렇게 인간 이성은 인간 자유의 새로운 근원으로 자리매김했다.

그 뒤로 인간은 어렵게 획득한 자유를 적극적으로 활용하여 사회를 개혁해 나갔다. 고유한 인간의 존엄성을 보장받을 수 있도록 자유롭게 의사를 표현하고 권리를 누적해 나가며 민주주의를 공고히 해 왔다. 자본주의 시장에서 생산과 소비에 참여하며 자유로운 경제 활동을 영위하여 산업 사회를 이룩해 왔다. 그중에서도 특히 과학과 기술에 관한 자유로운 연구와 개발 활동 덕분에 문명의 혁신적인 발전을 거듭해 왔다. 이에 따라 현대 과학 기술 사회는 디지털 대전환 시대, 거기서도 AI-디지털 시대로까지 이행하게 되었다. 즉, AI 사회의 구현은 인간 자유가 진취적으로 발현되어 온 역사의 한 단면이라고 할 수 있겠다.

AI 사회의 극단적인 양면

그렇다고 해서 과학과 기술의 발전 덕분에 인간 자유의 증진이 극대화되었다고 할 수 있을까? 누구도 그렇게 단언하기는 어렵다. 자유를 제대로 누리고자 한다면 그에 걸맞은 준비 상태가 갖춰져 있어야 한다. 그러나 인간은 바람과는 달리 굉장히 연약한 존재로, 그럴 만한 여력이 부족한 게 현실이다. 표도르 도스토옙스키(Fyodor Dostoevsky)는 『카라마조프가의 형제들(The Brothers Karamazov)』의 에피소드 중 제5권의 「대심문관(The Grand Inquisitor)」에서 이 지점을 예리하게 지적한다. 거기서 도스토옙스키는 인간이 연약한 본성으로 인해, 자유를 관리할 수 있을 만큼 충분히 강하지 못하며 그로 인하여 자유를 감당할 수 없다고 주장한다(Dostoevsky, 1992).

21세기에 이르러서야 미래의 이상으로만 여겨 왔던 AI 사회의 일면을 약 10년 정도 목격한 인류는 얼마 되지 않았음에도 도스토옙스키의 통찰이 크게 어긋나지 않음을 분명하게 깨달아 가고 있다. 단기간에 인류는 AI가 가져올 파급의 극단적인 양면을 모두 경험할 수 있었다.

AI는 자명하게 효율적이고 효용적으로 인류 사회를 변혁시키고 있다. 이는 확실히 인간의 자유를 일부 증진해 왔다. 청력이 좋지 않은 이들이 활용할 수 있는 수어 번역 AI는 다른 사람들과 자유롭게 소통할 수 있도록 돕고 있다. 자율 주행이 가능한 자동차나 휠체어는 거동이 불편하거나 운전하기 어려운 이들이 전보다 더 자유롭게 이동할 수 있도록 지원하고 있다. 미적 감각이나 음악적 감각은 뛰어나나 그와 관련된 실기 능력이 부족했던 이들은 작화 AI나 작곡 AI의 도움을 받아 창작의 자유에 조금 더 다가설 수 있었다.

그렇지만 그와 동시에 AI는 명백하게 비윤리적이고 불법적으로 인간 개인을 위협하고 사회 전반에 위기를 가져오고 있다. 뉴스, 광고, 쇼핑, 콘텐츠 등을 다루는 플랫폼에 적용된 AI 추천 알고리듬은 개인의 선택을 플랫폼 제공자의 의도대로 유도하고 있다. AI를 개발하고 적용하는 실험 과정에서 생명 윤리가 지켜지지 않아 동물 학대 의심 사례가 발생하고 있다. 드론과 같은 군사 무기에 자율적 판단을 내릴 수 있는 AI 시스템을 적용하여 전쟁에서 활용함으로써 인간의 기본권이 위협받고 있다. 빅테크 기업 간의 AI 개발 전쟁은 인류가 직면한 기후 위기를 가속하는 역할을 하고 있다. 이로써 AI를 개발하고 사용하는 자유가 발현된 결과를 제대로 관리하고 감당하지 못하는 인간의 연약함이 현실로 드러나고 있다.

인간의 자유 의지와 AI의 자율성

이와 더불어 AI는 자유 의지가 인간만의 이성적 주체로서의 고유한 특질이라고 간주해 왔던 뿌리 깊은 믿음에 조금씩 균열을 내기 시작했다. 물론 아직 AI가 자유 의지를 가지고 있다고 단정하기는 대단히 어렵다고 할 수 있다. 그러나 뇌 과학, 신경 과학 등의 연구가 활성화됨에 따라 애초에 인간의 자유 의지가 물질적으로 환원 가능하다고 보는 주장에 힘이 실리고 있다. 대표적으로 심리학자인 벤저민 리벳(Benjamin Libet)은 실험을 통해서 인간의 의지 이전에 뇌 활동이 발현된다는 사실을 밝혔다. 이를 통해 리벳은 인간의 의사 결정 과정에서 의지가 전혀 관여하지 않으며, 따라서 자유 의지는 없다고 주장하게 되었다. 이러한 주장에 따른다면 AI가 인간과 같은 종류의 자유 의지를 가질 수 있는지에 관한 대답은 단지 기술력의 문제인 것처럼 느껴지게 된다.

실제로 적어도 다른 사물이나 기술과는 달리 AI는 스스로 판단을 내리고 행동할 정도의 자율성(autonomy)은 보유하고 있다고 여겨지기도 한다. 이와 관련하여 인간과 같은 이성적 주체의 자유 의지에서 나오는 자율성과 동질적이지는 않더라도 현상적 차원에서는 자율성을 지니는 것처럼 행동할 수 있으며, 이에 따라 '위임된 자율성' 또는 '준-자율성(quasi-autonomy)'을 보유하고 있다고 볼 수 있다는 주장도 제기되고 있다(변순용 · 이연희, 2020).

하지만 토마스 홉스(Thomas Hobbes)나 데이비드 흄(David Hume)은 진즉에 달리 선택할 수 있는 '의지의 자유'를 부정하고 구속되지 않은 신체가 행위할 수 있는 '행동의 자유'만 인정하고 있다(양선이, 2021). 결국 이러한 관점을 받아들이게 된다면, AI가 현상적 차원에서 자유롭게 행위할 수 있게 될 때 인간과 같은 자유를 갖게 된다고 볼 수 있는 것이다. 이러한 AI와 인간 자유의 현실은 인간 존재의 본질에 큰 혼란을 가져오고 있다.

AI의 자율성에 따른 AI의 책임성

그리고 이와 같은 AI의 자유 인정 가능성은 책임 귀속 가능성으로 연결된다. 앞서 밝힌 바와 같이 AI는 이미 수많은 윤리적 문제를 불러오고 있고, 앞으로는 더 감당하기 어려운 다양한 윤리적 문제를 가져오리라 예측된다. 그렇다면 AI가 인간 개인, 인류 사회, 자연 생태계에 끼친 막대한 피해를 누가 책임질 것인가에 답해야 할 필요가 생긴다.

전통적인 기술이나 기계의 오작동으로 인해 발생한 피해는 당연히 그 제작자나 사용자인 인간에게 책임이 귀속되었을 것이다. 그것은 기술이나 기계가 자율적으로 판단을 내리고 행동하지 않았기 때문이다. 그러나 AI는 충분히 자율적으로 판단을 내리고 행동할 능력이 있다. 그런 만큼 의사 결정 과정에 직접적으로 개입하지 않은 제작자나 사용자에게 단번에 책임을 귀속하기는 쉽지 않은 것이 사실이다.

그렇다고 해서 자의식도 없는 AI에 책임을 귀속하는 것은 오히려 제작이나 사용에서 간접적 책임을 갖는 인간 개인에게 책임이 귀속되지 않도록 만든다. 즉, AI의 자율성으로 인해 발생한 책임을 전부 AI에 미루고 인간은 책임을 회피하려고 하는 '책임 격차(responsibility gap)'의 문제가 발생하게 된다(최문기, 2021).

AI의 지위와 권리에 관한 논의

이처럼 책임 귀속의 문제를 해결하는 과정에서 AI의 법적이고 도덕적인 지위나 권리의 필요성이 제기되고 있다. 현시점에서 비인간에 책임을 부여하는 방안은 의무나 권리의 주체가 될 수 있도록 법적으로 지위를 얻는 법인격을 부여받는 방식이 유일하다. 이미 수년 전 EU에서는 로봇에 법적으로 전자 인간으로서 지위를 부여하려고 했으며, 그러한 흐름은 세계 곳곳에서 지금까지도 계속 이어져 오고 있다.

그렇지만 비인간인 AI가 권리를 부여받는 양상은 기업이나 단체와 같은 법인과는 또 다른 지점이 있다. AI는 인간과 조금 더 가까운 유형인 시민적 지위나 도덕적 지위의 대상으로서도 논의되고 있기 때문이다. 이러한 맥락에서 사우디아라비아에서는 로봇에 공식적인 시민권이 부여되기도 했다. 시민권 자체가 지고한 투쟁의 과정에서 어렵사리 얻게 된 근현대 민주주의 사회의 산물이라는 점에서 비인간에게 시민적 지위를 제공하려는 움직임은 인간 사회에서 아주 이례적일 수밖에 없다. 나아가 로봇을 발로 걷어차는 행위가 담긴 영상이 게시되면서 로봇 학대 논란이 일었을 때는 지능형 로봇을 비롯한 AI에 대한 도덕적 지위의 옹호 여부를 두고 의견이 충돌했다. 그 논변 과정에서 어떤 이는 속성의 동등성에 따라 도덕적 지위의 가부를 주장했고, 또 어떤 이는 행동의 동등성에 따라 도덕적 지위의 가부를 주장했고, 또 어떤 이는 인간과의 관계 맺음에 따라 도덕적 지위의 가부를 주장했다.

여기서 주목할 만한 점은 AI의 시민적 지위나 도덕적 지위에 관한 사회적 합의가 이루어졌는지보다는 여타 사물이나 기술과 비교할 때 그러한 논의가 훨씬 활성화되고 있다는 점일 것이다. 이는 AI가 인간의 이성을 상당 부분 대체하고 있으며, 어떤 면에서는 초월하고 있기 때문일 것이다. 거기에 로봇이나 디지털 휴먼의 옷을 입는 순간 인간의 외형까지도 갖게 되어 인간의 육신 · 정신과 많이 유사하거나, 아니면 유사해 보이기 때문일 것이다.

이 책의 구성

여태 살펴본 바와 같이 의도했든 또는 의도하지 않았든 간에 인간의 자유가 몰고 온 AI 사회의 혼란은 이전과는 양상이 확연히 다르다. 그런데 도스토옙스키의 판단처럼 인간은 AI 사회의 혼란스러운 현실을 수습할 만한 여력이 부족해 보인다. 그 때문에 반대로 인류는 AI의 개발과 사용이 인간 자유의 여러 측면에서 어떠한 영향을 미치는지 지속적으로 추적하고 관리할 필요가 있다. 그리고 범용 AI나 초AI(artificial super intelligence)의 등장이 예견될 정도로 끝없이 성장하고 있는 AI의 능력을 고려할 때 인간 자유의 본질에 관한 계속된 물음과 그에 관한 대답도 중요할 것이다.

따라서 이 책은 발전하고 있는 AI 사회와 인간의 자유로운 사고나 행위가 서로 어떠한 영향을 미치고 있는지 파악하려는 의도와 함께 작성되었다. 또한 AI의 자율성이 강화됨에 따라 AI의 지위, 권리, 책임 등이 인간의 본질적 특성으로서의 자유와 그에 따른 권리나 책임과 어떻게 닮아 가고 있는지 살펴보고자 하는 의도도 나란히 내포되어 있다. 이러한 저술 의도를 다시 정리해 보면 전자는 AI 사회의 현실을 마주하고 안정적으로 대응하는 방향을 모색하기 위함이고, 후자는 인간 자유의 본질에 대한 위협을 분석함으로써 오히려 인간 자유의 본질을 재고하기 위함이다.

1장("AI 추천 알고리듬과 선택의 자유")에서는 인생의 전 과정에서 선택함으로써 나아가는 인간에게 선택의 근거를 제공하는 AI 추천 알고리듬이 인간의 자유로운 선택에 어떠한 영향을 미칠 수 있는지 경고한다.

2장("AI 시대의 표현의 자유")에서는 표현의 자유가 폭넓게 용인되는 현대 민주주의 사회에서 AI의 편향성이 어떻게 차별과 혐오의 표현을 부추길 수 있는지 확인한다.

3장("AI의 자율성과 책임")에서는 과학 기술의 혁신 과정에서 AI의 자율적인 판단과 행위 능력이 증진됨에 따라 AI의 지위나 권리가 어떻게 변화되고 있고, 또 그 과정에서 책임 귀속의 논의가 왜 확산되고 있는지 살펴본다.

4장("AI 시대의 새로운 권리")에서는 AI 시대가 도래함에 따라 디지털 사회에서 새롭게 요구되는 시민들의 기본적인 권리가 무엇인지 탐색한다. 특히 AI 시대의 새로운 권리로 주요하게 논의되고 있는 디지털 접근권, 잊힐 권리, 연결되지 않을 권리 등을 중심으로 본다.

5장("군사 분야 AI의 자율성과 제한")에서는 방위 산업에서 AI 시스템을 적용하면서 군사 무기의 자율적인 의사 결정 가능성이 가시화됨에 따라 인간의 생명이 어떻게 위협을 받을 수 있는지 알아본다.

6장("AI 개발의 자유와 윤리적 규제")에서는 최근 빅테크 기업에서 AI 개발 전쟁에 동시다발적으로 참여하면서 윤리적인 고려를 도외시하고 있는 실정을 다루고, 그러한 상황에서 발생할 수 있는 위험을 관리하기 위해 윤리적 규제가 어떻게 이루어지고 있는지 들여다본다.

7장("AI 개발의 자유와 환경 위기")에서는 대규모 디지털 플랫폼 기업들이 AI를 적극적으로 개발함에 따라 인류세가 논의되는 시점에서 전력 소비량, 탄소 배출량, 물 소비량 등의 문제로 환경 위기에 어떠한 영향을 미치는지 이해한다.

8장("AI와 인간 향상의 자유")에서는 인간이 신체적이고 정신적인 한계를 극복하는 과정에서 AI 기술이 어떻게 이용될 수 있는지 확인하고, 그러한 인간 향상의 자유를 어디까지 허용할 수 있는지에 관한 논쟁을 알아본다.

9장("인간과 AI의 관계적 자유")에서는 생성형 AI의 등장으로 인하여 인간과 AI 간의 상호 작용이 인간과 인간의 것처럼 자연스러워지면서 인간이 AI와의 관계에 의존하게 될 수밖에 없는 측면을 보고, 그러한 관계적 자유의 심화에서 우려되는 지점을 확인한다.

10장("AI 기반 디지털 감시 사회")에서는 디지털 감시 사회가 AI 시스템이 적용되면서 어떻게 강화되고 있는지 확인하고 그로 인하여 나타나는 순기능과 역기능을 동시에 알아본다.

이상에서 열거한 AI와 인간 자유에 관해 저자가 선정하여 집필한 일련의 내용은 책의 주제를 대표하고 있는 것들이다. 여기서 각 소주제는 분절된 것처럼 여겨지지만 꼭 그렇지만은 않다. 각 소주제가 궁극적으로 내포하고 있는 바는 AI 시대에 부딪히고 만 인간이 스스로 자유를 감당하고, 또 지켜 내기 위해서 무엇을 숙고해야 하는지다. 이 책의 목적상 그러한 물음에 관한 해답을 직접적으로 제시하기는 어렵다. 그러나 적어도 AI 시대를 걸어가는 한 자유인이 어떠한 물음을 품고 살아가야 하는지, 그리고 어떻게 물음에 답해 가야 하는지 정도는 안내해 줄 수 있으리라 생각한다. 그러한 사고 과정에 따라 목표하는 미래 사회를 그려 낼 수 있다면 향후 미래 사회의 변모를 정확하게 예측하는 것은 불가능하더라도, 지향하는 대로 세상을 어느 정도는 가꾸어 갈 수 있을 것으로 믿는다.

참고문헌

김승현 외(2022). AI 추천 알고리즘 편향성과 규제에 관한 연구. ≪정보통신정책연구≫, 29(2), 111-114쪽.

변순용·이연희(2020). 『인공지능 윤리하다』. 어문학사.

양선이(2021). 『인공지능, 영화가 묻고 철학이 답하다』. 바른북스.

최문기(2021). 자율 AI 책임에 관한 비판적 연구. ≪윤리연구≫, 135, 23-45쪽.

Dostoevsky, F.(1992). *The brothers Karamazov* (R. Pevear & L. Volokhonsky, Trans.). Alfred A. Knopf.

01
AI 추천 알고리듬과 선택의 자유

인간은 선택의 자유를 실현할 때 자신이 보유하고 있는 정보를 분석하고 종합하여 선택의 결정적인 근거로 삼는다. 따라서 인간이 어떠한 정보를 수용하는지에 따라 어떠한 선택을 할지도 달라질 수 있다. 그렇다면 AI 기반 디지털 사회에서 인간이 정보를 수용하는 방식은 어떻게 달라졌을까?

AI와 1인 창업?

AI 알고리듬 사회와 선택의 자유

인간은 선택의 자유를 실현할 때 자신이 보유하고 있는 정보를 분석하고 종합하여 선택의 결정적인 근거로 삼는다. 따라서 인간이 어떠한 정보를 수용하는지에 따라 어떠한 선택을 할지도 달라질 수 있다. 그렇다면 AI 기반 디지털 사회에서 인간이 정보를 수용하는 방식은 어떻게 달라졌을까? 기존 디지털 사회와의 가장 큰 차이는 인간에게 수용되기 전에 이미 AI에 의하여 정보가 1차 선별 과정을 거친다는 점이다. 따라서 많은 경우 우리의 선택은 AI가 선별한 정보에 기반하여 이루어지게 된다. 그런데 이러한 선택을 진정 자유롭다고 할 수 있을지는 단언하기 어렵다.

현재 온라인 쇼핑, 소셜 미디어, 영상 스트리밍, 주식 투자 등 여러 서비스에서 적극적으로 활용되고 있는 AI 추천 알고리듬이 정보 선별의 주체로서 기능하고 있다. AI 추천 알고리듬이란 이용자의 나이, 성별, 취향 등의 여러 데이터를 바탕으로 AI가 이용자의 특성을 분석하여 이용자에게 적합한 정보를 특정한 알고리듬에 따라 선별하여 제공하는 것을 말한다. AI 추천 알고리듬에도 다양한 기법이 있다. 특히 주로 사용되는 기법은 이용자와 유사한 특성의 이용자들이 요구했던 정보를 추천하는 협업 필터링(collaborative filtering)과 이용자가 요구했던 정보와 유사한 정보를 제공하는 콘텐츠 기반 필터링(content-based filtering)이다(김승현 외, 2022).

한편, AI 추천 알고리듬이 활용되는 명목은 이용자 맞춤형 서비스를 제공하여 개인화된 환경을 제공하는 것이다. 이렇게 보면 AI 추천 알고리듬은 무수한 정보의 바다에서 이용자가 정보를 선별하는 시간과 노력을 줄여주는 것처럼 보인다. 더불어 AI 추천 알고리듬은 이용자에게 알맞은 정보를 이용자 자신이 선별하는 것보다 더 적합하게 선별해 주는 것처럼 보인다. 만약 이가 사실이라면 이용자는 AI 추천 알고리듬으로 인하여 선택의 자유를 증진할 수 있게 될 것이다. 그러나 AI 추천 알고리듬에 의한 정보 선별이 정말 이용자의 자유로운 선택을 지원하는지는 면밀하게 숙고해 볼 필요가 있다.

AI 추천 알고리듬의 이면

AI 추천 알고리듬의 적용은 개인화된 맞춤형 서비스를 제공한다는 표면적인 이유를 갖는다. 그러나 그 이면에는 서비스 제공자의 이익을 극대화하려는 이윤 추구의 실질적인 목적이 내포된 경우가 다반사다. 이는 서비스 이용자의 지속적인 서비스 사용을 유도하거나 자사에 유리한 방식으로 사용자의 서비스 사용을 유도하는 방식 등으로 나타난다.

먼저 전자와 관련하여는 '주의 경제(attention economy)'의 관점에서 논의될 수 있다. 주의 경제란 디지털 사회의 경제가 물질적 상품보다 인간의 '주의'를 중심으로 작동한다고 설명하는 경제 이론이다(Davenport & Beck, 2001). 이 때문에 실제로 최근 인간의 주의는 검색 수, 클릭 수, 시청 시간 등을 통해 정량적으로 수치화되고 있다. 문제는 이렇게 수집된 인간의 주의 정도를 나타내는 데이터가 AI 추천 알고리듬에 사용되며 이용자를 서비스 제공자의 의도대로 행동하게 만든다는 점이다. 이를 깨달은 인류학자 닉 시버(Nick Seaver)는 AI 추천 알고리듬과 같은 추천 서비스를 "사로잡는 기술(captivating technology)"(Seaver, 2019)이라 표현한다. 과연 AI 추천 알고리듬에 의하여 사로잡힌 인간은 진정한 의미의 자유를 누리고 있는 것일까? 이에 대하여 하대청(2022)은 경제화된 인간의 주의를 정치화하여 '주의 통치하기(governing attention)' 개념을 도입한다. 주의 통치하기는 말 그대로 인간의 주의를 통치의 대상으로 삼는 것이다. 그는 이론적 기반으로 권력이 행위자의 주체성을 소거하기보다 특정하게 형성하기 위하여 통치 기술을 사용한다는 미셸 푸코(Michel Foucault)의 논의를 빌린다. 이에 따라 그는 AI 추천 알고리듬이 인간의 주의를 통치하는 기술로 사용되고 있으며, 그러므로 서비스 이용자가 자유로워 보이는 것과 다르게 사실은 그렇지 않다는 점을 포착한다.

이어서 후자와 관련하여서는 알고리듬을 사용하여 정보 선별을 조작했다고 의심받는 사례에서 AI 추천 알고리듬의 위협을 가늠해 볼 수 있다. 글로벌 전자 상거래 기업 아마존은 2022년 영국에서 알고리듬 조작 의혹으로 1조 달러(약 1조4000억 원) 규모의 소송에 직면했다. 아마존이 자체적으로 제공하는 상품 선택 알고리듬이 아마존이나 아마존에 수수료를 내는 업체에서 판매하는 상품을 선호한다는 것이 소송이 제기된 이유였다. 한국에서도 유사한 사례가 있었다. 공정거래위원회는 2020년에 네이버에 자사 쇼핑몰 플랫폼 서비스인 '스마트스토어' 입점 업체에 유리하도록 알고리듬을 조작했다며 과징금 267억 원을 부과했다. 그리고 카카오모빌리티는 택시 호출 서비스를 운영하면서 가맹 택시가 더 많이 호출되도록 알고리듬을 조작했다는 의혹으로 2023년에 공정거래위원회로부터 271억 원의 과징금을 부과받고, 중소벤처기업부로부터 검찰에 고발당했다.

위의 알고리듬 조작 사례들은 아직 법적 절차가 진행되고 있는데, 여기서는 법적 판결보다는 그 본질을 주목하는 게 중요하다. 이미 추천 알고리듬은 여러 서비스 제공자에 의하여 다양한 서비스에 적용되고 있다. 또한 알고리듬에는 선의든 악의든 서비스 제공자의 의도가 담겨있을 수밖에 없다. 그런데 AI 기반의 추천 알고리듬은 이전보다 복잡하게 설계되어 있다. 일단 이용자는 혹여 AI 추천 알고리듬이 서비스 제공자의 의도에 따라 이용자의 선택을 유도하고 있어도 알기 어렵다. 그런데 추후 제공자가 적용한 AI 추천 알고리듬에 내포된 의도가 악의적인지 아닌지 판단하려고 해도 그 복잡성으로 인하여 판단이 간단하지 않다. 이 때문에 AI의 신뢰성, 투명성, 설명 가능성을 확보해야 한다는 논의가 계속되고 있다. 그렇지만 AI의 출력 결과와 입력 데이터 간에 인과관계를 정말 설명할 수 있는지는 의문이 제기되는 실정이다.

AI 추천 알고리듬의 올바른 사용

그렇다고 해서 AI 추천 알고리듬이 무조건 우리의 자유로운 선택을 저해하는 것은 아니다. 오히려 악의성을 제거한 AI 추천 알고리듬의 사용은 양질의 정보를 적절히 제공해 주어 선택의 효율성을 증진한다. 실제로 AI 추천 알고리듬이 선택과 결정에 어려움을 겪는 햄릿 증후군을 극복하는 데에 도움이 된다는 주장도 있다. 따라서 AI 추천 알고리듬을 적용하는 서비스 제공자가 책임과 공정의 원칙을 고수할 필요가 있다. 그리고 서비스를 이용하는 주체들은 서비스에 AI 추천 알고리듬이 적용되어 있는지 민감성을 가지는 게 먼저다. 그로부터 AI 추천 알고리듬이 자신의 자유로운 선택을 지원하는 측면과 저해하는 측면 중 어디와 가까운지 숙고하는 자세가 중요할 것이다.

참고문헌

김승현 외(2022). AI 추천 알고리즘 편향성과 규제에 관한 연구. ≪정보통신정책연구≫, 29(2), 111-114쪽.

하대청(2022). 주의 통치하기: 유튜브 추천시스템과 심리-알고리즘적 주체. ≪과학기술학연구≫, 47, 145-172쪽.

Davenport, T. H., & Beck, J. C.(2001). *The attention economy: Understanding the new currency of bussiness.* Havard Business Review Press. 김병조 외 옮김(2006). 『관심의 경제학』. 21세기북스.

Seaver, N. (2019), Captivating algorithms: Recommender systems as traps. *Journal of Material Culture, 24*(4), pp.421-436.

02
AI 시대의 표현의 자유

표현의 자유는 과거부터 지금까지 인권을 침해하지 않는 선에서 허용되는 것으로 암묵적으로 합의되고 있다. 그런데 표현의 자유와 인권 침해 제한에 관한 책임 간의 미묘한 균형 차이로 그에 관한 논쟁과 분쟁이 끊이지 않고 있다. 그리고 이 논쟁과 분쟁은 AI 시대에 들어와서 새로운 양상으로 나타나기 시작했다.

AI와 MBTI?

표현의 자유와 책임의 균형

다양성이 존중되는 현대 민주주의 사회 안에서 표현의 자유는 시민의 가장 기본적인 권리 중 하나로 여겨진다. 자유권적 기본권으로서의 표현의 자유는 국가나 국제기구의 기본법에 대체로 명시되어 있다. 표현의 자유는 인권의 발전사 중에서도 초기에 해당하는 1세대에 등장한 권리다. 1세대 인권을 형성하는 데에 주요한 역할을 한 프랑스 혁명의 결과로 「인간과 시민에 관한 권리 선언(Déclaration des droits de l'homme et du citoyen)」(이하 프랑스 인권 선언)이 채택되었다. 그리고 「프랑스 인권 선언」 제11조에는 표현의 자유가 명시되어 있는데, 여기에는 단서 조항으로 표현의 자유에 관한 결과적 책임이 함께 기술되어 있다. 이처럼 표현의 자유는 과거부터 지금까지 인권을 침해하지 않는 선에서 허용되는 것으로 암묵적으로 합의되고 있다. 그런데 표현의 자유와 인권 침해 제한에 관한 책임 간의 미묘한 균형 차이로 그에 관한 논쟁과 분쟁이 끊이지 않고 있다. 그리고 이 논쟁과 분쟁은 AI 시대에 들어와서 새로운 양상으로 나타나기 시작했다.

특히 AI 시대에 나타나는 표현의 자유에 관한 논쟁과 분쟁은 차별, 혐오, 증오를 일으킬 수 있는 편향의 문제와 연결된다. 표현의 자유는 애당초 사고의 차이를 전제로 한다. 따라서 표현의 자유에서 차이 존중은 필수 요건이다. 그래서 자유로운 표현은 차이를 좁히기 위하여 논리적이고 합리적이어야 한다. 그러나 차이를 존중하지 않는 순간 표현의 자유는 논리적이거나 합리적이지 않은 차별로, 혐오로, 증오로 얼룩진다. 그런데 AI가 내포하고 있는 편향성이 이를 부추기고 있다는 우려가 증가하고 있다.

AI의 편향성과 환각 현상의 결합

일단 AI가 어떻게 편향성을 내포한다는 것일까? 기본적으로 AI는 학습, 검증 등의 전 생애 주기에서 데이터를 기반으로 한다. 그래서 AI는 데이터에 의하여 그 품질이 좌우되며, 이는 AI의 편향성에서도 마찬가지다. 오스트리아 빈대학교 교수인 기술 철학자 마크 코켈버그(Mark Coeckelbergh)는 데이터에 의한 AI의 편향 가능성을 다음 설명을 포함해 제시한다(Coeckelbergh, 2020/2023). AI의 학습 데이터가 일부 국가에 편중된다면 문화적 편향을 내포할 수 있다. 예를 들어 미국 데이터의 비중은 크나 중국 데이터의 비중은 작은 경우라면 그 AI는 중국의 특성을 반영하기 어려울 것이다. 그리고 AI의 학습 데이터 수가 현저히 적다면 AI의 품질 자체가 떨어져 편향이 발생할 수 있다. 아니면 AI를 개발하거나 이용하는 주체에 따라서도 편향은 발생할 수 있다. 가령 AI 개발자가 서양 백인 남성이라면 그 외의 집단인 동양인, 백인 외 인종, 여성 등의 집단에 관한 편향을 내포한 AI가 개발될 수도 있다. 또 AI의 판단을 지나치게 신뢰하는 이용자와 그렇지 않은 이용자에 따라 AI의 편향성이 실현될 수도 있고 그렇지 않을 수도 있다. 여기서 핵심은 AI가 편향성을 내포할 가능성이 다방면으로 농후하며, 따라서 이를 완벽히 통제하기가 대단히 어렵다는 사실일 것이다.

그러면 AI의 편향성은 실제로 표현의 자유에서 어떻게 차별을 부추길 수 있을까? 가장 대표적으로 거론될 수 있는 문제는 생성형 AI로부터 나타날 수 있는 '환각(hallucination)' 현상일 것이다. 환각 현상은 AI에 의하여 생성된 결과가 제공된 자료와 비교하여 '터무니없거나(nonsensical)' 또는 '믿기 어려운(unfaithful)' 경우를 말한다(Ji et al., 2024). 그리고 환각 현상은 제공된 자료와 모순된 결과를 생성하는 '내재적 환각'과 제공된 자료로부터 검증할 수 없는 결과를 생성하는 '외재적 환각'으로 구분되기도 한다.

이 같은 환각 현상은 생성형 AI의 산출 결과가 사실과

모순되거나 검증할 수 없더라도 산출 결과를 의심 없이 받아들이게 만드는 문제를 안고 있다. 그러므로 만약 편향성을 내포하고 있는 생성형 AI가 터무니없거나 믿기 어려운 편향된 결과를 산출하더라도 이를 의심하지 않고 그대로 수용할 수 있게 된다는 뜻이다. 이렇게 편향된 정보를 여과 없이 받아들인 이들은 그 정보를 근거 삼아 편협한 믿음을 공고히 한다. 그 과정에서 과도하게 편향된 믿음은 차별적인 표현으로 나타난다. 물론 아직 생성형 AI의 사용이 일상화되지 않은 지금은 생성형 AI가 누군가에게 그 정도로 영향을 미치기는 어렵다. 그러나 추후 생성형 AI를 일상에서 누구나 편하게 활용하게 된다면 위와 같은 문제가 충분히 발생할 수도 있다는 사실을 염두에 둘 필요가 있다.

필터 버블과 에코 챔버

이 말고 AI로 인하여 편협한 사고를 갖게 될 가능성은 다른 방식으로도 존재한다. 제일 많이 언급되는 논의는 '필터 버블(filter bubble)'이나 '에코 챔버(echo-chamber)'일 것이다. 필터 버블은 미국의 정치 운동가 엘리 프레이저(Eli Pariser)가 저서 『생각 조종자들(The Filter Bubble)』에서 정의한 개념이다. 필터 버블은 한 개인이 알고리듬에 의하여 자신에게 맞춤화된 정보만을 접하게 되어 좁고 편협한 틀에 갇혀 왜곡된 사고를 기르게 되는 현상을 의미한다(구재령, 2022).

특정한 성별에 대해 차별적인 시선을 가지고 있는 한 사람이 있다고 해 보자. 그/그녀는 아직 차별적인 사고만 가지고 있을 뿐 혐오나 증오의 표현을 일삼지는 않는다. 그래서 그/그녀는 글이나 영상을 게시한 적은 없지만, 평소에 그러한 정보에 관심을 두고 소셜 미디어나 동영상 플랫폼에 관련 정보를 검색한 적은 있다. 그랬더니 그 뒤에 AI에 의하여 관련된 게시물로 특정한 성별을 혐오하는 이들의 근거 없는 혐오와 증오가 담긴 글이나 영상들이 공유되기 시작했다. 그래서 자연스럽게 공유된 게시물들을 접하다 보니 자신도 모르게 특정한 성별에 관한 차별적인 시선이 더욱 고착되었다. 심지어 그/그녀는 게시물로부터 학습한 근거 없는 혐오와 증오의 표현에 무뎌지고 직접 그러한 표현을 스스럼없이 하게 되었다. 이러한 사례를 보면 진정 자신의 의지대로 표현의 자유를 악용한 것인지 AI가 구축한 환경에 의하여 그렇게 된 것인지 분간하기가 어렵다.

이와 비슷한 에코 챔버는 '넛지(nudge)' 이론으로 유명한 법학자 캐스 선스타인(Cass Sunstein)이 제시한 개념이다. 에코 챔버는 목소리가 여러 번 반사되어 울리는 반향실처럼 디지털 네트워크에 모인 유사한 성향의 사람들이 서로 같은 의견을 반복하면서 편협한 사고를 갖게 되는 것을 의미한다(Sunstein, 2001). 그렇게 에코 챔버는 비슷한 의견을 가진 집단의 토론이 그 집단이 더 극단적인 의견을 갖게끔 하는 '집단 극화(group polarization)' 현상을 유도하여 표현의 자유를 왜곡하기에 이른다.

이에 한 연구(Cinelli et al., 2021)는 페이스북, 트위터, 레딧, 갭 등 소셜 미디어 네 가지를 대상으로 에코 챔버 효과를 확인하기 위한 연구를 수행했다. 이 연구는 유사한 정치 성향의 이용자 간 배타적인 상호 교류를 측정하여 그 빈도가 잦을수록 강한 에코 챔버를 보이는 것으로 해석했다. 그 연구 결과에 따르면 페이스북과 트위터에서 에코 챔버가 나타났으며, 에코 챔버의 주요 원인으로는 알고리듬이 지목되었다. 이와 같은 연구는 AI 알고리듬의 설계에 따라 에코 챔버와 같은 현상이 발생할 가능성을 엿보게 해 준다.

이처럼 필터 버블이나 에코 챔버 같은 현상이 실제로 보이지 않는 힘으로 작용하고 있다면 표현의 자유를 왜곡하는 데에 분명히 이용될 소지가 있어 보인다. 그러나 필터 버블이나 에코 챔버 같은 현상이 "미디어 패닉"(Andrejevic, 2020, p.119)의 일부일 뿐 경험적 증거가 부족하다는 주장도 있다. 구재령(2022)도 이에 동의하며 알고리듬만으로 차별, 혐오, 증오의 양극화 현상을 설명해서는 안 된다는 점을 주지시킨다. 따라서 AI 사회에서 표현의 자유를 실현하는 점에서 중요한 점은 AI를 한없이 배척하는 게 아니다. 그보다는 AI가 자신의 사고를 편협하게 몰아가지는 않았는지 끝없이 되돌아보며 다양성 존중의 책임 아래서 표현의 자유를 마음껏 향유하는 것이 중요하다.

참고문헌

구재령(2022). "알고리즘과 메타포: 페이스북의 '에코챔버'와 구글 검색의 '필터버블'을 중심으로", ≪과학기술학연구≫, 22(3), 33-68쪽.

Andrejevic, M. (2020). *Automated media*. Taylor & Francis. 이희은 옮김(2021). 『미디어 알고리즘의 욕망』, 컬처룩.

Cinelli, M., et al.(2021). The echo chamber effect on social media. *Proceedings of the National Academy of Sciences, 118*(9). doi:10.1073/pnas.2023301118

Coeckelbergh, M.(2020). *AI ethics*. The Massachusetts Institute of Technology. 신상규·석기용 옮김(2023). 『AI 윤리에 대한 모든 것』. 아카넷.

Ji, Z., et al.(2024). Survey of hallucination in natural language

generation. *ACM Computing Surveys, 55*(12), pp.1–38.
Sunstein, C. R. (2001). *Echo chamber: Bush v. Gore, impeachment, and beyond.* Princeton University Press.

03
AI의 자율성과 책임

AI도 책임 귀속의 주체가 될 수 있을까? 우선 책임 귀속의 주체가 되기 위해서는 책임을 져야 하는 행위의 행위자이자 행위를 결정한 의사결정자여야 할 것이다. 그리고 그 행위의 주체가 자신의 결정과 행위를 인식할 수 있어야 할 것이다. 이러한 관점에서 일반적인 기계가 책임 귀속의 주체가 될 수 있냐고 물어본다면 그렇지 않다는 답변이 상식일 것이다. 그렇지만 AI는 선뜻 그렇게 응답하기가 쉽지 않다.

AI와 난임 극복?

AI의 지위 및 권리 취득

AI에 지위나 권리를 부여하려는 시도가 계속되고 있다. 대표적으로 2017년에 유럽의회(European Parliament)에서 결의한 「로봇 공학에 대한 민사법 규정의 위원회 권고안(Recommendations to the Commission on Civil Law Rules on Robotics」(이하 로봇 공학 결의안)이 있다. 로봇 공학 결의안에서 유럽의회는 지능형 자율 로봇에게 자연인과 법인 외 새로운 법인격으로서 '전자 인간(electronic persons)'의 지위를 부여할 수 있다고 명시했다.

같은 해에 사우디아라비아에서는 AI 로봇 소피아가 로봇으로서 세계 최초로 시민권을 받으면서 이목을 집중시켰다. 제도의 차원에서 주어지는 법적 지위와 다르게 시민권은 자연인에게 기본권으로서 부여되는 권리다. 그렇다 보니 인간 시민이 아닌 로봇 시민의 등장은 다른 기술과는 현격히 다른 AI의 위상을 알려 주는 계기가 되었다. 그러나 아직은 기술적인 정도나 사회적인 인식 등을 고려해 볼 때 시기상조라는 의견도 다수였다.

그 외에도 AI는 인간만의 영역으로 여기던 역할을 대신할 수 있는 대상이 되어 가고 있는 듯하다. 2018년에 일본에서는 도쿄도 다마시 시장 선거에 AI 후보가 출마했다. 물론 선거 후보자 등록은 인간이 했지만, 그는 스스로 AI 후보자의 대리 출마자라고 선언하며 선거 포스터에도 AI 로봇의 얼굴만을 인쇄했다. 2024년에 영국에서도 같은 사례가 있었다. AI 업체 '뉴럴 보이스(Neural Voice)'의 회장 '스티브 엔다콧(Steve Endacott)'이 자신의 외모와 음성을 따라 만든 AI 아바타 'AI 스티브(AI Steve)'가 영국 총선 후보로 출마했다. AI를 CEO로 임명한 사례도 있다. 폴란드의 딕타도르(Dictador)라는 주류 회사는 2023년에 AI 로봇 미카(Mika)를 인간 경영진의 결정을 지원하는 CEO로 임명했다고 밝혔다.

AI의 자율성과 책임 귀속의 문제

이처럼 AI가 전통적인 기술과 다르게 인간의 역할을 담당하거나 법적 지위·권리를 얻을 수 있다고 논의되는 이유는 AI의 자율성(autonomy)과 관련이 깊다. 앞서 언급한 유럽의회의 결의안에서 AI에 전자 인간 지위를 부여할 수 있다는 주요 기준의 하나가 바로 자율성이었다. 해당 문서에서는 로봇의 자율성을 "외부의 통제나 영향으로부터 독립적으로 외부 세계에서 결정을 내리고 이를 실행하는 능력"으로 정의한다(European Parliament, 2017.1.27). 그러면서 그들은 로봇의 자율성이 기술적

성격이라고 제한한다.

이는 로봇의 자율성이 인간의 자율성과는 분명히 다르다는 것을 함축하는 것으로 해석할 수 있는 부분으로 보인다. 이러한 관점을 고려하여 변순용과 송선영(2015, 3쪽)은 AI 로봇이 "인간과 같은 자유 의지를 지닌 자율적 존재로 자리매김하지는 않겠지만, 적어도 현상적 차원에서 자율적 주체인 것처럼 행동할 수 있을 것"이라며, AI의 자율성을 "위임된 자율성" 내지 "준-자율성(quasi-autonomy)"이라고 부를 수 있다고 말한다. 위의 논의를 종합해 보면 AI의 자율성이 어느 정도는 인정할 만하다는 것처럼 보인다.

AI가 자율성을 인정받게 되면서 수면 위로 떠오르는 게 책임 귀속의 문제다. AI 로봇을 포함하여 AI의 자율성이 높아질수록 예측하기 어렵거나 의도하지 않은 일이 발생하여 여러 문제 상황을 미리 예방하기가 어려워진다(Capurro & Nagenborg, 2009/2013). 그로 인하여 발생한 문제 상황의 책임이 누구에게 귀속되어야 하는지도 명확하지 않다. 이런 상황에서 지금까지는 자연인이나 법인에 책임을 물어 왔다. 그러나 새로운 자율적인 주체인 AI의 면모가 대두되면서 AI에 책임이 귀속되어야 하는 것은 아닌지, AI에 책임을 귀속할 수는 있는지 논의되기 시작했다.

AI가 자연인이나 법인으로부터 독립된 의사 결정을 내릴 수 있다는 전망이 이어지고 있다. 이 과정에서 AI를 개발한 공학자나 회사는 AI의 의사 결정 책임을 AI의 자율성으로 우회할 여지를 갖게 된다. 사회 과학자인 바티야 프리드먼(Batya Friedman)과 피터 칸(Peter Kahn)은 AI와 같은 의사 결정 지원 도구(decision support tools)는 인간 의사 결정자의 도덕적인 책임을 회피하도록 돕는 계기를 제공한다고 우려를 표한다(Friedman & Kahn, 1992). 또한 AI의 자율적인 의사 결정은 생각보다 더 복잡해서 실제로 AI를 개발하는 과정에서 미처 놓친 부분이 있는지 아닌지 사후에 가려내기도 쉽지 않다. 거기에 AI의 의사 결정이 개인이나 사회에 미칠 수 있는 영향력이 크고 잠재적인 위험성도 대단히 크다. 따라서 AI의 의사 결정 책임은 AI를 개발한 자, AI를 제공한 자, AI를 관리한 자, AI를 이용한 자, AI 자체 중 누구에게 어떠한 비중으로 귀속될 수 있을지에 관한 물음이 더욱 중요하게 남게 된다.

AI의 책임 귀속 가능성

그렇다면 단도직입적으로 AI도 책임 귀속의 주체가 될

수 있을까? 우선 책임 귀속의 주체가 되기 위해서는 책임을 져야 하는 행위의 행위자이자 행위를 결정한 의사 결정자여야 할 것이다. 그리고 그 행위의 주체가 자신의 결정과 행위를 인식할 수 있어야 할 것이다. 이러한 관점에서 일반적인 기계가 책임 귀속의 주체가 될 수 있냐고 물어본다면 그렇지 않다는 답변이 상식일 것이다. 그렇지만 AI는 선뜻 그렇게 응답하기가 쉽지 않다.

유네스코 세계과학기술윤리위원인 마크 코켈버그는 응답이 어려운 이유와 관련하여 다음과 같이 안내한다. 첫째, AI의 의사 결정에 인간이 개입하기 어려운 경우도 많다(Coeckelbergh, 2020/2023). 접근하기 쉬운 예로 자율 주행 자동차에 대하여 이야기해 보자. 높은 단계의 자율 주행 자동차는 대부분 상황에서 스스로 운행하며 특정한 상황에서 운전자가 개입하도록 한다. 그런데 운행 과정에서 운전자가 개입하여야 하는 특정한 상황들은 운전자가 개입하기 어려울 만큼 우연적이면서 급박하다. 그래서 운전자가 자율 주행 자동차의 의사 결정에 개입하기가 사실상 어렵다. 그 과정에서 자율 주행 자동차에 탑재된 AI가 인간 의사 결정자가 개입하기 전에 결정을 내려 중대한 사고가 났다면 누가 책임을 져야 할까? AI는 행위자이자 의사 결정자이기는 하지만 인식하고

한 행위와 결정은 아니었을 것이다. 그러나 인간은 행위자도 의사 결정자도 아니다. 따라서 그같이 시간 등의 이유로 인간보다 AI가 행위자이자 의사 결정자로서 역할을 하게 될 수밖에 없다면 책임 귀속의 주체를 인간에게 한정하기는 무리가 될 수도 있다.

둘째, AI의 기술적인 행위에 다수의 사람과 사물이 연결되어 책임의 진상을 상세히 밝히는 게 난해하다(Coeckelbergh, 2020/2023). 다시 자율 주행 자동차의 이야기를 가져오자. 자율 주행 자동차와 연관된 사람만 생각해도 자율 주행 자동차의 AI 개발자, 회사 CEO, 이용자, 도로 위를 지나는 운전자나 보행자, 관리 당국 등 다양한 이해 당사자가 있다. 따라서 책임을 져야 할 당사자가 명확하게 정해지기 쉽지 않다. 그리고 자율 주행 자동차에 탑재된 AI는 카메라, 센서, 자동차의 부품, 클라우드 등 수많은 사물과 연결된 상태로 결정하고 행위를 한다. 이 때문에 AI 자체의 결함을 밝히는 것도 불분명한 상황에서 다른 사물의 결함 때문은 아닌지까지 파악해야 하기에 이른다. 이러한 관계적 복잡성은 AI의 책임 귀속 문제를 해결하기 굉장히 어렵게 만든다.

AI는 발전을 거듭할수록 인간 사회의 여러 분야에서 자율성을 확장해 갈 것으로 전망된다. 그와 함께 시간이 걸리더라도 전자 인간 또는 전자 인격과 같은 지위나 시민권과 같은 권리도 점차 도입되리라 예상해 볼 수도 있다. 이를 바꿔 보면 AI가 몰고 올 책임 귀속의 문제도 점차 복잡해지리라는 것은 충분히 예견된다. 그러므로 그러한 문제에 직면했을 때 유연하게 대처할 수 있도록 AI로 인한 사고 발생 시 AI의 작동 원리나 과정이 사후에 최대한 상세히 설명될 수 있게 AI의 투명성과 설명 가능성의 윤리적 가치를 보장하는 것도 중요할 것이다.

참고문헌

변순용·송선영(2015). 『로봇윤리란 무엇인가』. 어문학사.

Capurro, R., & Nagenborg, M.(2009). *Ethics and robotics*. IOS Press. 변순용·송선영 옮김(2013). 『로봇윤리』. 어문학사.

Coeckelbergh, M.(2020). *AI ethics*. The Massachusetts Institute of Technology. 신상규·석기용 옮김(2023). 『AI 윤리에 대한 모든 것』. 아카넷.

European Parliament(2017.1.27). *Report with recommendations to the Commission on Civil Law Rules on Robotics* (2015/2103(INL)). https://www.europarl.europa.eu/doceo/document/A-8-2017-0005_EN.html

Friedman, B., & Kahn, P.(1992). Human agency and responsible computing: Implications for computer system design. *Journal of Systems and Software, 17*, pp.7-14.

04
AI 시대의 새로운 권리

AI를 기반으로 하는 디지털 대전환이 가속화되면서 디지털 시대의 특성을 반영한 새로운 인간의 권리가 필요하다는 요구가 일고 있다. 따라서 AI 기술의 발전과 함께 새로운 권리들이 등장한 배경과 내용의 면면을 살펴보는 것이 인간 자유와 권리의 현실을 파악하는 데에 유익할 수 있다.

AI와 사주?

AI 시대의 디지털 권리

AI를 기반으로 하는 디지털 대전환이 가속화되면서 디지털 시대의 특성을 반영한 새로운 인간의 권리가 필요하다는 요구가 일고 있다. 이러한 시대적 요구를 고려하여 한국 정부는 2023년 9월에 권리에 관한 규칙이 담긴 글이라는 의미를 갖는 '권리 장전'의 이름을 붙여 「디지털 공동번영사회의 가치와 원칙에 관한 헌장: 디지털 권리장전」(이하 「디지털 권리장전」)을 발표했다(과학기술정보통신부, 2023.9.25). 「디지털 권리장전」은 디지털 공동 번영 사회를 구현하기 위한 5가지 기본 원칙을 큰 골자로 하고 있다. 그리고 기본 원칙을 중심으로 디지털 시대를 살아가는 시민의 보편적인 권리와 그러한 권리를 보장하기 위한 국가 · 기업 등 여러 주체의 책무를 세부 원칙으로 제시하고 있다. 여기에는 디지털 접근권, 디지털 표현의 자유, 디지털 대체 수단 요구, 디지털 근로 · 휴식의 보장, 디지털 혁신 활동의 자유와 같이 AI 시대 이전에는 아예 존재하지 않았거나 그다지 중요하게 여겨지지 않았던 자유와 권리들이 기술되어 있다. 따라서 AI 기술의 발전과 함께 새로운 권리들이 등장한 배경과 내용의 면면을 살펴보는 것이 인간 자유와 권리의 현실을 파악하는 데에 유익할 수 있다.

디지털 격차와 디지털 접근권

컴퓨터와 인터넷의 보급과 함께 정보 통신 기술이 발달하면서 기술 사회의 이로운 점도 상당했지만, 오히려 반대급부로 해로운 점도 상당했다. 그중의 하나는 디지털 기술이나 정보라는 요소가 사회 불평등의 하나가 되었다는 점이었다. 이러한 현상을 목격한 이들은 디지털 사회의 불평등을 디지털 격차(또는 정보 격차)(digital divide)의 용어를 사용하여 나타내기 시작했다.

이에 디지털 사회 불평등 현황을 파악하기 위하여 한국은 2002년 취약 계층의 정보 격차 실태 조사를 시작으로 지금까지 「지능정보화기본법」과 「통계법」에 근거하여 연 1회 디지털 정보 격차 실태 조사를 실시하고 있다. 해당 실태 조사는 취약 계층으로 예상되는 장애인, 고령층, 저소득층, 농어민, 북한 이탈 주민, 결혼 이민자의 계층별 디지털 정보화 수준을 일반 국민의 수준을 100으로 하는 대비 수준으로 나타내고 있다. 그리고 디지털 정보화 수준의 조사 영역은 디지털 접근(인터넷 상시 접속 가능 여부, 유무선 정보 기기 보유 여부), 디지털 역량(PC 이용 능력, 모바일 기기 이용 능력), 디지털 활용(유선 · 모바일 인터넷 이용 여부, 인터넷 서비스 이용 다양성, 인터넷 심화 활용 정도)이다. 이 같은 위 실태 조사의 대상과 영역이 디지털 격차의 대상과 영역이라고 확장해 볼 수 있겠다. 또한 실황을 살피기 위하여 해당 실태 조사의 2023년 결과를 보면 전 영역의 종합 수준을 볼 때 저소득층(96.3%), 북한 이탈 주민(93.0%), 결혼 이민자(94.1%)는 일반 국민과 비슷했다. 이와는 달리 장애인(84.4%), 고령층(73.3%), 농어민(81.4%)은 일반 국민과 차이를 보였다(한국지능정보사회진흥원, 2024). 이러한 결과는 사회 인프라 전반에 취약한 장애인을 논외로 한 채 농어촌의 고령화 현상까지 고려한다면 소득보다는 연령이 디지털 격차에 큰 영향을 미친다는 사실을 보여준다. 그러나 이는 국내에 한정된 자료일 뿐이고 선진국, 개도국, 최빈국 등 국가 간 격차를 고려한다면 디지털 격차의 양상이 또 달라질 것이며, 그 간극도 더 클 수 있다.

그런데 이렇게 실재하는 디지털 격차는 AI 기술의 발전과 더불어 또 다른 모습으로 양산되고 있다. 이에 김문조(2020)는 AI 이전 디지털 시대와 AI 시대의 디지털 격차를 다음과 같이 분류한다. 그는 기존의 디지털 격차를 크게 세 가지 유형으로 구분하며 이를 디지털 격차 1.0이라 명한다. 그 세 가지는 디지털 기술이나 정보에 접근할 기회의 차이인 '기회 격차(opportunity gap)', 디지털 기술이나 정보에 접근할 능력의 차이인 '활용 격차

(utilization gap)', 디지털 기술이나 정보를 깊게 누릴 능력의 차이인 '수용 격차(reception gap)'이다. 이 외에도 디지털 기술이나 정보의 접근으로 얻게 되는 이익의 차이인 '이익 격차'도 논의되곤 한다.

그리고 그는 AI 시대의 디지털 격차를 2.0이라 명하며 마찬가지로 세 가지 양식으로 규명한다(김문조, 2020). 그 세 가지는 AI 기반의 복잡하고 정교한 기술에 관한 운영 체계 이해의 차이인 '운영 격차(operation gap)', 무수한 정보 사이에서 유용한 정보를 선별하는 능력의 차이인 '선정 격차(curation gap)', AI 기반 디지털 기술을 활용한 의식·정신 강화의 차이인 '증강 격차(augmentation gap)이다. 디지털 격차 1.0과 비교하여 2.0은 단순한 인지적이고 경제적인 불평등을 넘어서 AI로 인한 인간 본질적 불평등을 양산하는 것과 같은 느낌이 든다.

이처럼 시대를 막론하고 드러나는 디지털 격차의 우려 속에서 취약 계층을 중심으로 디지털 접근성 제고를 요구할 수 있는 권리가 요청되고 있다. 디지털 접근권은 단순히 기기나 연결망 보급을 넘어서 AI 사회의 특성부터 AI 기반 디지털 기술을 활용하는 능력까지 배울 수 있는 교육의 기회도 포함한다. 앞선 요구가 디지털적 권리의 성격이라면, 이와 달리 디지털 격차에 관한 아날로그적 권리의 성격을 가진 디지털 대체 수단 요구권도 AI 시대의 권리로서 부상하고 있다. 이는 국민이라면 당연히 누려야 할 공공 서비스가 디지털 수단으로서만 존재하여 디지털 취약 계층이 공공 영역에서 차별받지 않도록 하기 위해 필요성이 인정되는 권리다.

잊힐 권리와 연결되지 않을 권리

인터넷 네트워크의 구축과 함께 다양한 정보가 디지털화되어 저장되기 시작했다. 네트워크상에 축적된 디지털 정보 중에는 여러 종류의 개인 정보도 포함되어 있었다. 그런데 개인 정보가 인터넷에 한번 공유되면 개인 정보의 삭제를 원하더라도 정보를 완전히 제거하기 어렵다는 우려가 생겨났다. 특히 소셜 미디어의 일상화는 결과에 관한 고려 없이 자신의 수많은 디지털화된 정보를 네트워크상에서 타인에게 공유하게 했다. AI 기술의 성장이 동력이 되어 디지털 대전환이 가속화되자 개인 정보 보호 이슈는 날로 주목받게 되었고, 이로 인하여 '잊힐 권리(right to be forgotten)'라는 디지털 권리가 주장되기 시작했다.

잊힐 권리에서 주장되는 상세한 내용을 살펴보면 다음과 같다. 먼저 개인 정보의 삭제와 수정을 요청할 권리가 있다. 반대로 개인 정보 취급자에게 삭제의 의무를 부과하는 것도 포함된다. 그러나 인터넷에서 어떻게 유포되어 어디에 저장되어 있을지 모를 정보를 완벽히 삭제하는 것은 실현 불가능하므로 원본 데이터를 삭제하지 않더라도 검색의 배제나 차단을 요청할 권리가 현실적이라는 견해도 있다(이권일, 2023). 특히 디지털 시대에 부모들이 자녀들의 사진이나 영상들을 소셜 미디어에 게시하는 일상이 다반사가 되었다. 이를 공유(share)와 양육(parenting)을 합쳐 '셰어런팅(sharenting)'으로 부르기도 한다. 이제는 그 자녀들이 성인이 되고 있고 앞으로 되어 갈 예정이기 때문에 이러한 상황을 고려해서라도 잊힐 권리에 관한 실질적인 논의가 필요할 것이다.

잊힐 권리 외에도 코로나 팬데믹 이후 디지털 기기를 활용한 원격 업무가 확대되면서 근로 시간 외에 업무 연락이나 지시를 금지하는 '연결되지 않을 권리(right to disconnect)'가 검토되고 있다. 연결되지 않을 권리는 디지털 사회의 노동자 휴식권 보장과 관계되어 있다. 프랑스는 진즉에 2019년부터 세계 최초로 법으로 제정하여 50인 이상 기업은 매년 단체 교섭 협상에 연결되지 않을 권리에 관한 협의가 포함되도록 했다.

해나 아렌트(Hannah Arendt)는 『전체주의의 기원

(The Origins of Totalitarianism)』에서 "권리를 가질 수 있는 권리 또는 인류에 속할 수 있는 모든 개인의 권리"(Arendt, 1951/2006, 536쪽)가 보장받아야 한다고 밝힌다. 시대가 변하면 새로이 요구되는 권리가 생길 수밖에 없으므로 인류는 AI 사회에서 권리를 가질 수 있는 권리를 보장하기 위한 관심을 기울이는 것이 중요하다. 그러므로 "이 세상의 모든 권리는 투쟁에 의해 쟁취"된다는 루돌프 폰 예링(Rudolf von Jhering)의 말처럼 AI 사회의 권리를 가질 수 있는 권리를 보장받기 위하여 "끊임없이 투쟁할 준비"를 하는 자세도 수반되어야 할 것이다(von Jhering, 1946).

참고문헌

과학기술정보통신부(2023.9.25). 디지털 공동번영사회의 가치와 원칙에 관한 헌장: 디지털 권리장전. https://www.msit.go.kr/bbs/view.do?mId=&bbsSeqNo=65&nttSeqNo=3017418

김문조(2020). AI 시대의 디지털 격차. ≪지역사회학≫, 21(1), 59-88쪽.

이권일(2023). 디지털 데이터와 잊혀질 권리. ≪저스티스≫, 194(2), 171-196쪽.

한국지능정보사회진흥원(2024). 『2023 디지털정보격차 실태조사』. 과학기술정보통신부.

Arendt, H.(1951). *The origin of totalitarianism*. Schocken Books.

이진우·박미애 옮김(2006). 『전체주의의 기원 1』, 한길사.
von Jhering, R.(1946). *Der Kampf um das Recht*. Manzsche Verlagbuchhandlung. 윤철홍 옮김(2007). 『권리를 위한 투쟁』, 책세상.

05
군사 분야 AI의 자율성과 제한

이제 군사 분야 AI의 자율성을 제한하는 문제는 AI 전문가들에게만 유효한 것은 아니라는 사실이 얼핏 보인다. 킬러 로봇은 영화 속에서나 보던 아주 자연스러운 인간 형태의 휴머노이드 로봇이라는 신화나 환상에서 벗어날 필요가 있다. 또한 현실 속에서 활용되고 있는 여러 가지 군사 분야 AI에 관한 실천적인 윤리적 관심이 중요한 열쇠가 될 수 있을 것이다.

AI와 아이돌?

치명적 자율 무기의 제재 노력

한국과학기술원(이하 카이스트)은 2018년에 한화시스템과 함께 AI를 기반으로 하는 지휘 결정 체계, 지능형 항공기 훈련 시스템, 지능형 물체 추적·인식 기술을 연구하기 위한 국방AI융합연구센터를 개소했다. 이에 이례적으로 전 세계의 AI·로봇 관련 전문가 50명 이상이 해당 연구에 관한 보이콧을 선언했다. 여기에는 세계적인 AI 석학으로 알려진 토비 월시(Toby Walsh) 교수와 제프리 힌턴(Geoffrey Hinton) 교수도 포함되어 있었다. 보이콧을 선언한 전문가들이 발표한 공개서한에는 카이스트가 인간의 통제가 배제된 자율 무기에 대한 개발을 진행하지 않겠다고 확약하기 전에는 협력하지 않겠다는 의사가 담겨 있었다. 그러면서 그들은 해당 연구의 결과가 전쟁과 테러를 심화시키는 판도라의 상자가 될 것이라 평했다. 이후에 카이스트의 해명으로 전문가들이 보이콧을 철회하면서 해프닝이 마무리되었다.

그러나 그렇다고 해서 이 사건이 던지는 메시지가 사라지지는 않는다. 이 사건은 군사 분야 AI의 자율성이 내포한 잠재적 위험성이 우리 예상보다 더 클지도 모르고 그러한 자유는 충분히 제한되어야 할 필요가 있음을 인식하게 한 것이다.

당시 서한을 주도한 월시 교수는 그전에도 흔히 '킬러 로봇(killer robot)'이라고 부르는 '치명적 자율 무기(lethal autonomous weapons)'(이하 LAWs)의 위험성을 알리고 개발의 자유를 제한할 필요성을 강조하기 위하여 지속적인 운동을 펼쳐 왔다. 특히 그가 참여한 'AI 국제 공동 학술대회(International Joint Conference on Artificial Intelligence)'(이하 IJCAI)에서 그러한 논의가 주되게 발표되었다. 2015년에 열린 IJCAI에서는 AI 전문가 약 1,000명이 킬러 로봇의 개발 경쟁을 경고하는 동시에 금지를 요구하는 공개서한을 미래생명연구소(Future of Life Institute)의 명의로 제출했다. 그 뒤에 2017년에 열린 IJCAI에서는 월시 교수와 함께 일론 머스크(Elon Musk), 요슈아 벤지오(Yoshua Bengio) 교수 등의 AI 전문가들이 서명한 LAWs의 개발 금지를 요청하는 공개서한이 추가로 발표되었다. 이 서명은 당시 글로벌 로봇 무기 경쟁에 관한 논의를 앞둔 UN을 대상으로 한 요청이 포함되어 있었다. 이들은 UN이 '특정 재래식 무기 금지 협약(convention on certain conventional weapons)'에 킬러 로봇의 제재에 관한 논의를 추가해야 한다고 어필했다.

군사 분야 AI의 현실화 가능성

이러한 요청이 누군가에게는 현실성이 없어 보일 수 있다. 그러나 국제 정세가 악화하고 있는 상황에 조금만 관심을 기울이면 그다지 괴리감이 느껴지지 않는 이야기임을 알 수 있게 된다. 특히 현대적 전장에서 사용되는 무기의 양상이 어떠한지 확인해 보자. 여러 해를 거치며 이어지고 있는 러시아와 우크라이나의 전쟁에서는 AI가 적용된 드론과 로봇이 활용되고 있다. 실제로 우크라이나가 활용하고 있는 AI 드론이 전파 방해 전술인 재밍(jamming)으로 인하여 인간의 조종 신호가 끊기자 자율적인 의사 결정을 통해 러시아군 전차에 돌진하여 해당 전차를 무력화시켰다. 이로 인하여 AI 무기가 인간 살상도 가능한 전장에서 인간의 개입 없는 판단으로 결정까지 내린 실례가 남게 되었다. 또한 이러한 전례는 추후 LAWs 사용의 빌미를 제공할 수 있을 것이다. 또 하나의 군사 충돌이 벌어지고 있는 이스라엘과 팔레스타인 무장 단체 하마스의 전쟁에서도 AI가 활용되고 있는 것 같다. 영국의 ≪가디언≫은 이스라엘군 정보 부대가 팔레스타인 남성 3만7000명 정도를 표적 데이터베이스에 등록하여 무장 대원을 식별하는 AI 시스템인 '라벤더(Lavender)'를 개발 · 활용했다고 보도했다. 문제는 그들이 민간인의 사살도 일부 허용했는데, 표적의 직급을 구분하여 고위 간부를 사살하기 위해서라면 민간인의 희생을 100명까지 승인했다는 의혹이 있다는 점이다. 물론 이스라엘은 이러한 전쟁 시 AI 시스템 사용을 부인했다.

여기서 주목할 점은 전쟁 국가들이 실제로 AI를 군사적으로 이용했으며, 그로 인하여 인명 피해가 발생했는가에 관한 답이 아니다. 그보다 우리가 알고 있어야 할 세 가지가 있다면 다음의 것들이다. 첫째, 국제 정세는 여전히 불안하며 현대 사회에서 전쟁은 언제든 발생할 수 있다는 사실이다. 둘째, 이미 그러한 전쟁에서 AI가 활용될 방법이 다양하며, 그 기술력은 이미 충분하다는 것이다. 셋째, 기술력이 도달된 순간부터 AI 무기의 자율성을 제한하는 것은 더욱 윤리에 의존할 수밖에 없다는 점이다. 인권에 막대한 피해를 불러일으키는 전쟁이 일어났어도, 전쟁에서 AI가 군사적으로 이용되어도 생각보다 국제 사회가 할 수 있는 부분은 적어 보인다. 벌써 10년 전부터 AI 전문가들에 의하여 LAWs의 개발 금지가 요청되었음에도 말이다. 따라서 이제 군사 분야 AI의 자율성을 제한하는 문제는 AI 전문가들에게만 유효한 것은 아니라는 사실이 얼핏 보인다. 킬러 로봇은 영화 속에서나 보던 아주 자연스러운 인간 형태의 휴머노이드 로봇이라는 신화나 환상에서 벗어날 필요가 있다. 또한 현실 속에서 활용되고 있는 여러 가지 군사 분야 AI에 관한 실천적인 윤리적 관심이 중요한 열쇠가 될 수 있을 것이다.

군사 분야 AI의 자율성에 관한 윤리적 물음

한편, 특히 군사 분야 AI의 자율성에 관한 윤리적 문제를 해결하기 위해서는 다음과 같은 물음에 답을 찾아가야 할 것이다. 실수나 의도에 따라 AI 무기로 인해 발생한 피해에 누가 책임질 것인가? AI의 선택이 더 옳다면 인간의 명령을 거부해야 하는가? 어떠한 기준에 따라 공격 결정이 허용되는가? 기존의 규제가 적용되기 어려운 AI 무기의 등장에 얼마나 신속하게 대처할 수 있는가? AI 무기가 정말 어느 상황에서나 통제 가능한가? AI 무기 개발의 장기적 결과를 예측할 수 있는가? 그러나 지금까지 위와 같은 질문에 명확한 합의는 제시된 바 없어 보인다. 또한 AI 무기 개발의 완전한 제약이 가능해 보이지도 않는다. 이처럼 기술 개발을 실질적으로 막을 방안이 부족하다면 현실적인 대안을 모색할 필요가 있다(변순용 · 이연희, 2020). 그렇기에 아직은 "기술이 윤리를 추월하기 전에 우리가 이러한 이슈들을 충분히 고려할 수 있을 때까지, 연구를 금지하거나 그 속도를 상당히 느리게 해야 한다"는 "예방 원칙(the precautionary principle)"(Capurro & Nagenborg, 2009/2013, 185쪽)이 현실적인 대안인 듯하다.

참고문헌

변순용·이연희(2020). 『인공지능 윤리하다』. 어문학사.

Capurro, R., & Nagenborg, M.(2009). *Ethics and robotics.* IOS Press. 변순용·송선영 옮김(2013). 『로봇윤리』. 어문학사.

06
AI 개발의 자유와 윤리적 규제

기술을 개발할 자유는 어디까지 허용되어야 하는가? AI 기술 개발 경쟁이 심화하고 있는 지금 이는 인류가 당면한 실존 과제 중 하나다. 이미 디지털 기술은 우리 사회의 산업과 생활 영역 전반을 바꾸어 놓고 있다. 따라서 디지털 기술의 하나이자 그중에서도 핵심 동력으로 여겨지는 AI의 성장은 우리 삶에 지대한 영향력을 행사한다. 그 위상과 파급력이 여타 기술과 분명히 다르기에 AI 개발의 자유와 윤리적 규제 간의 균형을 맞추기 위한 저울질이 계속되고 있다.

AI와 야구?

AI 개발의 자유와 안전 간의 균형

기술을 개발할 자유는 어디까지 허용되어야 하는가? AI 기술 개발 경쟁이 심화하고 있는 지금 이는 인류가 당면한 실존 과제 중 하나다. 이미 디지털 기술은 우리 사회의 산업과 생활 영역 전반을 바꾸어 놓고 있다. 따라서 디지털 기술의 하나이자 그중에서도 핵심 동력으로 여겨지는 AI의 성장은 우리 삶의 지대한 영향력을 행사한다. 그 위상과 파급력이 다른 기술과 분명히 다르기에 AI 개발의 자유와 윤리적 규제 간의 균형을 맞추기 위한 저울질이 계속되고 있다.

이와 관련하여 주요한 이슈로 거론되는 사건이 하나 있다. 이는 현대 AI 발전의 촉매제로 역할을 한 두 사건인 알파고 쇼크와 챗GPT 쇼크 중 후자의 주체였던 오픈AI에서 일어난 일이다. GPT 시리즈를 바탕으로 챗GPT를 개발하여 생성형 AI 시대를 개척한 오픈AI의 이사회는 2023년 11월에 회사의 성장을 이끌었던 CEO인 샘 올트먼(Sam Altman)에게 해임을 통보했다. 당시 유력한 이사회의 CEO 해임 결정 사유는 크게는 AI 개발에 대한 회사의 기조를 두고 나타난 갈등 때문이었다. 애당초 오픈AI는 비영리 단체로 설립되면서 공익성의 가치 아래에 AI 개발을 안전하고 윤리적으로 이끌고자 했다. 그런데 2019년에 사업 운영 상황에 따라 산하에 영리 법인을 신설한 뒤 마이크로소프트로부터 막대한 투자를 받게 되면서 챗GPT 개발을 통하여 회사가 성장하게 된 것이다. 그로 인하여 설립 취지였던 AI의 안전 · 윤리와 회사의 성장 동력이 된 AI 개발 · 성장의 가치를 두고 회사 내부에서 충돌이 발생하게 된 듯하다. 전자의 입장인 이사회는 올트먼이 회사 경영에서 안전과 윤리를 제쳐 두고 AI의 개발에 몰두한다고 판단한 것이다. 이 사건은 상당수의 임직원과 투자자가 올트먼의 복귀를 요청하면서 올트먼 복귀와 함께 일부 이사진이 사퇴함으로써 일단락되는 것처럼 보였다.

그러나 비슷한 맥락의 논란이 계속해서 뒤따랐다. 2024년 2월에는 오픈AI의 공동 창립자인 일론 머스크가 CEO와 사장을 상대로 소송을 제기했다. 소송의 까닭은 마찬가지로 극도의 이윤 추구가 AI의 공공성 증진이라는 창립 목적을 도외시했다는 점이었다. 그뿐만 아니라 올트먼 해임을 주도했던 오픈AI의 공동 창립자 일리야 수츠케버(Ilya Sutskever)는 퇴사 이후에 공교롭게도 AI의 안전성을 추구하는 회사를 설립했다. 이에 회사 이름도 '세이프 슈퍼얼라인먼트(Safe Superalignment)'로 하여 설립의 목적이 안전과 윤리에 기반한 AI의 공공성 실현에 있음을 분명히 한 것이다.

오픈AI를 두고 벌어진 일련의 사태들은 AI 개발 자유의 허용 범위에 의문을 남긴다. 기본적으로 기술을 개발할 자유는 존중받아야 마땅하다. 그러나 자유의 존중은 어디까지나 존 스튜어트 밀(John Stuart Mill)이 『자유론(On Liberty)』에서 주장한 바와 같이 누군가에게 피해를 주지 않는 선에서 허용된다고 할 수 있을 것이다. 그렇기에 AI 개발의 자유가 가져올 잠재적인 위험성을 고려한다면 안전과 윤리의 차원에서 그 자유는 충분히 제한될 필요가 있다. 그 누구도 산업 혁명에서 공장 기계의 발전이 노동 사회와 자연환경에 미칠 역효과를 정확히 예상하지 못했으며, 세계 대전에서 핵폭탄의 발명이 가져올 극단적인 인간성 상실을 세심히 예상하지 못했다. 그렇다면 인간의 생활 전 분야에 적용되는 AI의 개발이 가져올 인류 사회의 위기는 그 누가 확신할 수 있을 것인가? 한데 AI 개발의 자유와 제한이 칼로 무를 자르는 것처럼 완전히 양분될 수 없다는 데서 난점이 생긴다. 그런 점에서 AI 개발의 자유와 제한은 앞으로도 충돌할 수밖에 없을 것이다.

AI 개발 자유의 규제

현대의 계약론적 자유주의 사회는 개체의 자유 행위가 부정적인 결과를 초래할 것으로 예상되거나 이미 초래했다면 그 자유를 갖은 제도와 규범을 통하여 최소한으로 제한한다. 그러한 일환에서 대다수 국가와 국제 기구는 AI 개발의 자유를 제한하려는 윤리 규범들을 일제히 쏟아 놓았다. 그 사례로는 미국의 「AI 권리 장전 청사진(Blueprint for an AI Bill of Right)」(2022), 국제연합(United Nation, UN)의 「AI 윤리 권고(Recommendation on the Ethics of Artificial Intelligence)」(2021) 등 많이 있다. 이 같은 윤리 규범은 각 기업이 AI 개발의 자유를 실현하는 데에 사회적인 부담을 주어 자발적인 제한을 유도할 수는 있다. 그러나 딱 거기까지일 뿐, 그 제한이 실질적으로 작용할 수 있을지는 미지수다.

그러나 AI 안전의 필요성에도 불구하고 법적 제도의 마련이 지연되게 한 원인은 역설적으로 강력한 실효성일 것이다. AI 관련 법은 AI 산업계 전반에 미치는 파장이 훨씬 크므로 AI 윤리 규범과 비교하여 더 정교하게 제정되어야 하기 때문이다. 그래도 근래 들어 AI 윤리에 관한 사회적 공감대가 형성되면서 이를 강조하는 법안들이 발효되기 시작했다. 가장 접근이 빨랐던 분야는 시민에게 직접적으로 피해를 줄 수 있는 개인 정보 보호 분야였다. 다만 개인 정보 보호법에 반영될 때는 AI가 법의 일부로 포함될 따름이었다. 이러한 한계를 뛰어넘기 위한 시도로 2024년에 유럽연합(European-Union, EU)은 AI를 구심점으로 둔 세계 최초의 규제 법안인 「AI법(AI Act)」을 가결했다. 「AI법」은 AI 개발의 자유를 강력하게 제한하는 법으로 알려져 있다. 이 법의 주된 골자는 위험 기반 접근법(risk-based approach)이다. 즉, AI 개발의 자유를 제한하지 않는다면 위험하다는 인식을 가정하고 있다.

구체적으로 보면 AI 개발 분야와 목적에 따라 위험 수준을 구분해 단계별로 구속력을 달리하고 있다(Future of Life Institute, 2024.2.27). 제일 높은 수준인 '허용 불가한 위험(unacceptable risk)' 단계의 AI는 '금지된 AI 시스템(prohibited AI systems)'이라고 불리며 전면적으로 개발과 활용이 금지된다. 여기에는 사람의 잠재의식을 조종하여 행동이나 의사 결정을 왜곡하거나 개인의 사회적 점수를 평가하는 '소셜 스코어링(social scoring)' 등의 AI 시스템이 포함된다. 이 법의 실질적인 규제 대상은 다음 수준인 '고위험(high-risk)' 단계의 AI다. 여기에는 금지되지는 않으나 건강, 안전, 기본권에 영향을 주는

AI가 전부 포함된다고 보면 된다. 따라서 고위험 AI 시스템의 제공자와 배포자에게는 구체적인 의무와 강력한 처벌이 부과되고 있다. 그 외에 세 번째 수준인 '제한된 위험(limited risk)' 단계의 AI는 투명성 의무 정도만 부과되고, 마지막 수준인 '최소 위험(minimal risk)' 단계의 AI는 별도의 의무가 부과되지 않는다.

EU의 「AI법」은 신호탄이었을 뿐, 향후 여러 국가에서 AI 개발 자유의 제한에 초점을 둔 법안이 끊임없이 등장할 것이다. 하지만 AI 시스템의 복잡성으로 인하여 AI 개발의 의도를 알아내고 그 자유를 제한한다는 게 쉽지는 않은 일이다. AI 개발의 발전 방향성도 대단히 다양해서 이를 모두 추적하고 관리한다는 것 또한 무리일 수 있다. 기업들은 이러한 빈틈을 파고들어 AI 기술 경쟁에서 도태되지 않기 위하여 AI 개발의 자유를 최대로 누리고자 할 것이다.

한때 빅테크 기업들이 AI의 안전과 윤리에 관한 업무를 전담하는 팀을 해체하거나 축소하려 한다는 의혹이 제기되었다. 2020년에 구글에서는 AI의 편향성 문제를 지적한 AI 윤리 팀장 팀닛 게브루(Timnit Gebru)를 해고했다. 2022년에는 마이크로소프트, 메타, 트위터가 AI 윤리 관련 팀을 해체했다. 2023년 아마존은 알고리듬 편향성을 조사하던 팀의 일원을 해고하거나 인사 이동했다. 빅테크 기업의 이러한 조치들이 실제로 AI의 안전성보다 수익성을 위한 의도에서 이루어진 것인지는 분명하게 파악하기 어렵다. 그러나 그러한 과정에서 AI 개발의 자유와 안전 사이에 미묘한 줄다리기가 한쪽으로 치우친다면, 그리고 그 결과에 따라 위기 상황이 발생한다면 이를 감당해야 하는 것은 일부 기업이나 개인이 아니라 인류 전체가 될 것이다. 따라서 AI 개발의 자유는 어디까지나 관련 제도와 규범을 준수하는 선에서 존중되어야 할 것이다.

참고문헌

Future of Life Institute(2024.2.27). High-level summary of the AI Act.
https://artificialintelligenceact.eu/high-level-summary/

07

AI 개발의 자유와 환경 위기

디지털 대전환 시대에 최대 기술 혁신으로 손꼽히는 AI 기술의 자유 지상주의적 개발은 지구의 환경과 생태계에 어떠한 결과를 초래하게 될까? 이러한 물음에 관한 답은 생성형 AI의 등장으로 인해 가시화되었다. 그러나 AI 시장의 성장이라는 빛은 다양한 그림자를 몰고 왔는데, AI의 개발과 활용으로 인해 나타나는 환경 문제가 그 하나였다.

AI와 윤동주?

기술혁신과 기후변화 간 상관관계

21세기에 들어와서는 인간의 기술 혁신 활동과 지구의 기후 변화 간의 상관관계가 점차 자명한 사실로 여겨져 왔다. 유엔 산하에 설립된 '기후 변화에 관한 정부 간 협의체(Intergovernmental Panel on Climate Change)'(이하 IPCC)의 보고서 표현 변화에도 그러한 사실이 잘 드러난다(남재작, 2022). 1990년에 작성된 1차 보고서에서는 지구 온난화의 관찰이 인간의 영향인지 확실하지는 않다고 보고되었다. 이후 보고서 차수가 지나면서 IPCC는 보고서에 기후 변화의 원인이 인간의 영향일 확률을 66~95%로 표현했고, 나아가 2021년에 발표된 6차 보고서에서 기후 변화의 전적인 원인이 인간 활동이라고 결론을 내렸다. 그리고 대개 그 인간 활동이 의미하는 바는 역시 산업 혁명을 비롯한 인간의 기술 혁신이다. 산업 혁명 이후 인간의 기술 혁신 활동은 화석 연료의 지나친 사용을 유도했고, 이는 탄소 배출을 비약적으로 증가시킨 것이다.

이는 '인류세(人類世, anthropocene)' 도입 논의를 통하여 더 잘 드러난다. 인류세란 인간 활동이 지구의 환경과 생태계에 막대한 비가역적 영향을 끼치며 나타난 새로운 지질 시대를 뜻한다. 학계는 인류세의 공식적인 지질 시대 인정 여부를 상당 기간 논의했다. 이 인류세 도입 논의는 노벨 화학상 수상자인 파울 크뤼천(Paul J. Crutzen)에 의해 2000년대 초반부터 세계적인 관심을 끌었다. 이후 2009년에 국제층서위원회(International Commission on Stratigraphy)(이하 ICS)는 '인류세실무그룹(Anthropocene Working Group)'을 출범하여 관련 논의를 진행했다. 이들은 2023년에 인류세의 시작을 핵무기 실험이 자행된 1950년대로 정하고, 화석 연료 발전소에서 배출되는 '구상 탄소 입자'와 핵무기 실험 시 방출되는 '플루토늄'을 표지(marker)로 선정했다. 그러나 2024년에 이르러서 ICS 산하 '제4기층서학소위원회'에서 인류세의 공식적인 인정이 부결되었다. 그리고 이를 승인한 ICS가 그들이 소속된 '국제지질학연맹'과 공동으로 결정문을 내면서 '인류세'는 공식적으로 거부되었다(이덕환, 2024.4.12). 하지만 인류세 도입 논의는 비록 거부되었다 하더라도 인류에게 과학 기술 개발의 자유가 초래하는 범지구적 역효과에 관해 경종을 울렸다.

AI 개발에 따른 환경 문제

그렇다면 디지털 대전환 시대에 최대 기술 혁신으로 손꼽히는 AI 기술의 자유 지상주의적 개발은 지구의 환경과 생태계에 어떠한 결과를 초래하게 될까? 이러한 물음에 관한 답은 생성형 AI의 등장으로 인해 가시화되었다. 오픈AI의 챗GPT가 촉발한 생성형 AI 개발 경쟁은 AI 시대를 새로운 국면으로 이끌었다. 그러나 AI 시장의 성장이라는 빛은 다양한 그림자를 몰고 왔는데, AI의 개발과 활용으로 인해 나타나는 환경 문제가 그 하나였다.

특히 생성형 AI 확산의 연쇄 효과로 나타난 데이터 센터 확장과 증설이 여러 가지 문제를 일으키고 있다. AI의 개발과 활용을 위하여 광대한 빅데이터를 저장하고 처리하는 핵심 인프라인 데이터 센터는 필수적이다. 이 데이터 센터가 복합적인 환경 문제를 유발하고 있다. 첫 번째는 에너지 소실의 문제로, 전력 소비량을 들 수 있다. 일반적으로도 데이터 센터의 운영과 관리를 위해 소비되는 전력은 그 규모가 아주 큰데, 생성형 AI의 개발 · 활용의 급증이 데이터 센터의 전력 소비량을 더욱 증폭시켰다. 국제에너지기구가 보고한 바에 따르면 전 세계 데이터 센터 전력 소비량의 2026년 예상 수치는 최소 620TWh에서 최대 1,050TWh다. 이는 2022년 대비 2.3배에 해당하는 수준으로, 우리나라의 2022년 연간 전력 소비량인 568TWh와 맞먹는다(방성훈, 2024.1.28). 또한 미국 전력연구소의 보고서에 따르면 구글 검색 한 번에 0.3Wh 정도의 전력이 필요하다면 챗GPT 검색 한 번은 그 10배에 달하는 2.9Wh가 필요하다. 만약 구글이 생성형 AI를 전 검색 서비스에 통합한다면 크로아티아 같은 국가의 연간 전력 소비량보다도 큰 29.2TWh가 소모될 수도 있다(임대준, 2023.10.16).

두 번째는 환경 오염의 문제로, 탄소 배출량을 이야기할 수 있다. 탄소 배출은 다른 무엇보다도 지구 온난화의 주요 요인으로 알려져 있다. 2024년에 발표된 구글의 연례 환경 보고서에 따르면 구글은 2023년에 온실가스 1430만t을 배출했다(유지한, 2024.7.4). 이는 데이터 센터의 전력 소비 때문이라고 밝혀졌으며, 4년 전인 2019년에 비해서 48% 증가한 수치다. 마이크로소프트도 2023년에 구글보다 많은 1535.7만t의 탄소를 배출했고, 이는 2020년과 비교하여 약 30% 증가한 수치다(장세만, 2024.7.4). 이는 구글이나 마이크로소프트에 한정되지 않으며 생성형 AI 개발에 몰두하고 있는 대부분 빅테크 기업에 나타나는 현상으로 보인다. 생성형 AI의 성장세가 시작된 지 얼마 되지 않은 상태에서의 측정치라는 점에서 지속적인 관리가 필요해 보인다.

세 번째는 자원 고갈의 문제로, 물 소비량을 꼽을 수 있다. 데이터 센터를 가동하면 극심한 발열이 지속된다.

이때 발열을 줄이기 위해서 보통 냉각수가 사용된다. 그리고 물의 증발 때문에 냉각수가 계속해서 공급되어야 하는데 장비의 부식을 방지하려면 염수 대신에 담수를 사용하는 게 필수적이다. 이를 고려하면 데이터 센터를 운영하고 관리하는 과정에서 무수히 많은 물이 소비될 수밖에 없음을 알 수 있다. 이 또한 생성형 AI의 개발과 맞물려 있다. 2022년 마이크로소프트와 구글이 소비한 물의 양은 각각 640만m^3, 2107만m^3다. 전년도와 비교하면 마이크로소프트는 34%가, 구글은 22%가 증가했다(신기섭, 2024.2.28). 실제로 오픈AI가 GPT-4의 훈련하면서 데이터 센터를 구축한 지역의 물 6% 정도를 소비한 것으로 알려졌다(김지연, 2024.5.21). 그리고 미국 캘리포니아대학의 샤올레이 런(Shaolei Ren) 교수는 국제적인 AI 수요 전망을 생각하면 2027년에 이르러서는 데이터 센터 물 소비량이 영국 연간 취수량의 절반인 42억~66억m^3에 달할 것으로 예측했다(Li et al., 2023).

레드 AI에서 그린 AI로

AI로 인해 지구 환경에 나타나는 부작용은 결국 기존 소프트웨어의 한계를 초월하는 AI의 막대한 계산 능력 때문이다. 이를 고려하여 슈와르츠 외(Schwartz et al.,

2023)는 '레드 AI(Red AI)'와 '그린 AI(Green AI)'의 개념을 도입하여 방향성을 설정한다. 그들은 레드 AI를 "대규모 계산 능력을 사용하여 정확도나 측정값에서 최첨단의 결과를 얻으려는 AI 연구"라 규정한다(p.56). 레드 AI의 특징은 속도나 성능에서 이점이 있는 대신에 계산 비용이 많이 든다는 점이다. 이와 반대로 그린 AI는 "계산 비용을 증가시키지 않거나 이상적으로는 계산 비용을 줄이면서 새로운 결과를 도출하는 AI 연구"라 규정한다(p.59). 여기서 핵심은 계산 비용이다. 계산 비용을 고려하지 않으면서 계산 능력을 늘리고자 하는 AI의 개발은 에너지 소실, 탄소 배출, 자원 고갈의 환경 문제를 부추긴다. 즉, 레드 AI보다 친환경적인 그린 AI로 방향을 돌려야 한다는 것이다. 따라서 이 연구에서 의도하는 바와 같이 AI 개발의 자유가 지구 환경과 생태계의 지속 가능성을 높이려면 현실적으로 AI의 효율성을 증진시키는 방향으로 갈 필요도 있어 보인다.

다만 그것이 전부는 아니며, AI의 효율성을 고려한 그린 AI가 장기적으로도 효율적인지 판단이 필요하다. '제번스 역설(Jevons Paradox)'에 따르면 자원 사용의 효율성 증가가 자원 소비의 감소보다 증가로 이어질 수 있다. 데이터 과학자 알렉스 더프리스(Alex de Vries)도 이를 고려하여 AI의 효율성 제고를 위한 국제적인 노력이 오히려 AI의 더 많은 개발과 활용을 부추길 수 있다고 지적했다(de Vries, 2023). 따라서 AI 개발의 자유가 환경에 미치는 영향을 적절히 관리하기 위해서는 AI 지속 가능성을 단기적으로, 또한 중장기적으로 추적하고 관리할 수 있어야 할 것이다.

참고문헌

김지연(2024.5.21). MS가 꼽은 2024년 ESG 과제, 워터 포지티브 "AI로 인한 물 과소비, AI로 해결". ≪그리니엄≫, https://greenium.kr/news/33196/

남재작(2022). 『식량위기 대한민국』. 웨일북.

방성훈(2024.1.28). "생성형 AI 때문에"…데이터센터 전력 소비량 급증. ≪이데일리≫, https://m.edaily.co.kr/News/Read?newsId=01761366638762312&mediaCodeNo=257

신기섭(2024.2.28). 인공지능은 '물 먹는 괴물'…"수자원 고갈 부를 것". ≪한겨레≫, https://www.hani.co.kr/arti/international/globaleconomy/1129847.html.

유지한(2024.7.4). AI 전력 폭증에… 빅테크서 터져나온 '넷제로 회의론'. ≪조선일보≫, https://www.chosun.com/economy/tech_it/2024/07/04/PPL6OO3WM5EZVMKBOCJTMDCJZY/

윤소희(2024.2.26). 네이처 "AI 대유행에 '물부족' 더 심해진다". ≪한국경제매거진≫,

https://magazine.hankyung.com/business/article/20240226 0434b
이덕환(2024.4.12). 세계 지질학계의 거부로 끝나버린 ‘인류세’ 논란. ≪주간조선≫,
https://weekly.chosun.com/news/articleView.html?idxno=33664
임대준(2023.10.16). “AI 전기 사용량, 2027년에 한 국가 연간 소비량과 맞먹을 것”. ≪AI타임스≫,
https://www.aitimes.com/news/articleView.html?idxno=154369
장세만(2024.7.4). ‘전기 먹는 하마’ AI…빅테크의 ‘탄소배출’ 역주행. ≪SBS 뉴스≫,
https://news.sbs.co.kr/news/endPage.do?news_id=N1007710353&plink=COPYPASTE&cooper=SBSNEWSEND
de Vries, A. (2023). The growing energy footprint of artificial intelligence. *Joule*, *7*(10), pp.2191-2194.
Li, P., et al.(2023). Making ai less “thirsty”: Uncovering and addressing the secret water footprint of ai models. doi:10.48550/arXiv.2304.03271
Schwartz, R., et al.(2020). Green ai. *Communications of the ACM*, *63*(12), pp.54-63.

08
AI와 인간 향상의 자유

현대 과학 기술의 진보로 인간 향상의 역사는 새로운 국면을 맞이하고 있다. 전통적인 인간 향상은 기술의 한계로 인해 주로 신체적 조건의 극복으로 나타났다. 그러나 근래에는 기술의 자체적인 한계를 상당 부분 초월하게 되면서 유전적 · 정신적 등의 조건 극복까지도 가능해졌다. 따라서 여기서는 AI 시대의 인간 향상의 양상을 살펴본다.

AI와 한의학?

인간의 한계와 기술에 의한 인간 향상

인간은 스스로 지구상의 어떤 생명체보다도 우월하고 고등한 존재라 자부하곤 한다. 그 자부심의 기원은 대체로 인간의 이성이며, 인류가 이룩해 온 문명을 생각한다면 이 사실을 부인하기는 어렵다. 그러나 이성을 제외하고 본다면 인간은 생각보다 한계가 많은 생물이다. 그 대신에 인간은 이성을 사용하여 자신의 수많은 한계를 극복해 왔다고 볼 수 있다. 인간이 이성을 활용하여 한계를 극복하는 여러 방법이 있는데, 그 하나가 바로 기술의 제작과 활용이다. 가령 인간은 걸음이나 뜀으로 이동할 수 있는 거리, 속도, 시간의 한계를 극복하고자 교통 기술을 발전시켰다. 그 결과 자연적인 신체 조건으로 사실상 도달하기 먼 거리를, 훨씬 빠르게 이동할 수 있게 되었다. 즉, 교통 기술에 의하여 인간의 신체 능력이 향상된 것이다. 따라서 인간의 기술 제작 역사는 인간의 한계 극복 의지로부터 온다고 할 수 있을 것이다. 다시 말해 인간의 기술 제작 역사는 곧 인간 향상(human enhancement)의 역사다.

현대 과학 기술의 진보로 인간 향상의 역사는 새로운 국면을 맞이하고 있다. 전통적인 인간 향상은 기술의 한계로 인해 주로 신체적 조건의 극복으로 나타났다. 그러나 근래에는 기술의 자체적인 한계를 상당 부분 초월하게 되면서 유전적 · 정신적 등의 조건 극복까지도 가능해졌다. 이로 인하여 인간 향상이라는 개념도 "과학 기술을 이용하여 인간의 건강 수명 연장이나 노화의 제거를 비롯하여 지적 · 정서적 · 신체적 · 심리적 능력의 개선 혹은 강화를 꾀하는 것"(신상규, 2017, 73쪽)이라는 포괄적인 정의가 이루어지고 있다. 이에 하버드대학교 생물학과 교수 에드워드 윌슨(Edward Willson)은 인간이 자연의 선택에 따르지 않고 스스로 유전자 풀(gene pool)에서 보존할 유전자와 제거할 유전자를 자유 의지에 따라 선택하는 사례를 들어 자신의 진화를 자유 의지에 따라 제어하는 것을 '의지적 진화(volitional evolution)'라고 규정한다(Wilson, 1988, p.299). 그로써 기술에 의한 인간 향상은 자유의 적극적인 실현 수단의 하나가 된다.

AI 시대의 인간 향상의 자유 실현 방식

인간 향상의 자유 실현은 AI 기술 시대에도 역시 유효하다. 이른바 'NBIC 기술'은 4차 산업 혁명 기술을 대표하는데, 이는 나노 공학(nanotechnology), 생명 공학(biotechnology), 정보 공학(information technology),

인지 과학 기술(cognitive science technology)이 융합된 기술을 일컫는다. 거기에 로봇 공학(robotics)의 약진도 두드러지고 있으며, 이러한 공학 기술들이 인간 향상 기술의 토대가 되고 있다. 여기서 AI는 인간 향상 기술의 기반이 되는 NBIC 기술과 로봇 공학의 주요 추동 요소로서 역할을 담당하고 있다.

우선 AI는 1차로 각 인간 향상 기술의 내부적인 발전을 거든다. 이를 AI와 로봇의 관계로 풀어 보자. AI의 성장과 함께 한동안 완만했던 로봇 공학의 성장세도 최근 급부상하고 있다. 특히 인간 향상 기술로서의 로봇은 복잡함과 정교함의 요건을 만족할 수 있어야 하는데, 기존의 소프트웨어로는 충족할 수 없던 이 요건을 AI로 충족할 수 있게 된 것이다. 이로 인해 의수나 의족 같은 로봇은 더 세밀한 작업이 가능해졌다. 그뿐만 아니라 AI로 훈련된 웨어러블 로봇의 발전은 무거운 것을 쉽게 들어 올리도록 돕고, 계단을 편하게 오를 수 있도록 돕는다.

2차로 AI는 그 자체로 인간 향상 기술로서 발전한다. AI가 인간 향상 기술로 개발되는 대표적인 사례는 정신의 디지털화를 통한 정신적 능력의 강화다. 일론 머스크(Elon Musk)가 창업한 뉴럴링크(Neuralink)에서 개발하는 '뇌-컴퓨터 인터페이스(brain-computer interface,

BCI)'가 주된 예시다. BCI는 인간의 뇌의 전기 신호를 AI 마이크로칩을 이용해 디지털 신호로 변경하여 컴퓨터에 전달하는 기술을 말한다. 2016년에 설립되어 동물 실험을 중심으로 연구를 수행하던 뉴럴링크는 2023년에 미국 식품의약국(Food and Drug Administration)의 승인을 받아 인간 대상 임상 연구를 진행하고 있다(김보민, 2023.5.26). 그리고 2024년 8월을 기준으로 2명의 환자를 대상으로 뇌 이식 칩 시술을 마치고 임상 시험을 수행 중이다. 특히 실제로 가장 먼저 시술을 마친 첫 번째 참가자는 시술 직후 생각만으로 컴퓨터 체스 게임을 하는 데에 성공했다. 다만, 그 이후 뇌가 칩을 밀어내며 기대했던 바와 달리 기능 저하가 나타났다.

그러한 인간의 정신 능력 향상 기술의 극단에는 '마음 업로딩(mind uploading)'이 자리하고 있다. 마음 업로딩은 간단히 말해서 인간의 의식이나 기억을 디지털화하여 컴퓨터 저장 장치로 전송하는 것을 말한다. 만약 마음 업로딩이 실현 가능하다고만 한다면 인간의 의식은 AI와 통합되어 인간의 정신적 특질과 AI의 이성적 능력이 동반으로 발휘될 수도 있을 것이다.

나아가 3차로 AI에 의해 발전한 인간 향상 기술과 인간 향상 기술로서의 AI가 결합하여 더 복합적이고 완성도 있는 인간 향상 기술로서 재탄생한다. 다시 AI와 로봇의 관계로 되돌아오자. AI로 인해 로봇 공학 자체도 발전했으나 로봇에 AI가 탑재되어 AI 로봇의 형태가 많아지고 있다. 그리고 이러한 AI 로봇에 탑재된 AI에 디지털화된 인간의 정신을 업로드할 수 있게 된다면 인간은 신체적 능력과 정신적 능력을 복합적으로 향상할 수 있게 된다.

트랜스휴머니즘과 인간 향상의 자유 논쟁

이처럼 AI를 비롯한 인간 향상 기술을 활용하여 인간 향상의 자유를 실현하고자 하는 이들을 대개 '트랜스휴머니스트(transhumanist)'라고 한다. 그리고 그들의 운동(movement)을 '트랜스휴머니즘(transhumanism)'이라고 부른다. 가장 대표적인 트랜스휴머니스트 닉 보스트롬(Nick Bostrom) 옥스퍼드 대학교 교수는 트랜스휴머니즘을 "응용 사고를 통해 특히 노화를 제거하고, 인간의 지적 · 육체적 · 심리적 능력을 향상하는 기술을 개발하고 널리 보급함으로써 인간 조건을 근본적으로 향상하는 가능성과 바람직함을 긍정하는 지적이고 문화적인 운동"이라 정의한다(Bostrom, 2003, p.4).

모든 트랜스휴머니즘은 기술에 의한 인간 향상의 자

유를 실현하는 것에 동의한다. 그러나 자유의 제한 필요성에서는 서로 다른 이해를 고수한다. 이는 크게 두 가지 입장으로 대변된다(신상규, 2017). 첫 번째 입장은 '자유주의적 트랜스휴머니즘(libertarian transhumanism)'이다. 자유주의적 트랜스휴머니즘은 인간 향상의 자유에 행해지는 개입과 제한을 반대한다. 두 번째 입장은 '기술 진보주의(techno-progressivism)'다. 기술 진보주의는 인간 향상의 자유가 내포하고 있는 부작용이나 위험을 관리하기 위해서는 일정 부분 개입과 제한이 필요하다고 주장한다. 그렇다고 해서 자유주의적 트랜스휴머니즘이 인간 향상의 자유가 초래할 위험을 온전히 외면하지는 않는다. 그들은 인위적인 개입이 아닌 자유 시장의 작동이 그러한 위험을 자연스럽게 관리할 수 있다고 주장한다.

이와는 반대로 인간 향상의 자유 자체에 대해 비판적인 관점도 존재한다. 그들은 기술의 진취적인 투입에 따라 돌이킬 수 없는 부정적 결과가 발생하리라고 본다. 그리고 높은 비용일 수밖에 없는 인간 향상 기술은 새로운 양상의 사회적 불평등을 일으키게 되리라고 생각한다. 또한 그러한 작업이 기본적으로 전통적인 인간성의 가치를 혼란하게 하고 훼손하는 일이라고 여긴다.

참고문헌

김보민(2023.5.26). '인간 뇌에 칩 이식' 인체실험 나선다 … 머스크의 뉴럴링크, "美 FDA로부터 연구 승인 획득". ≪디지털데일리≫, https://www.ddaily.co.kr/page/view/2023052610100020811

신상규(2017). 트랜스휴머니즘과 인간향상의 생명정치학. ≪일본비평≫, 17권, 72-95쪽.

Bostrom, N.(2003). *The transhumanist FAQ: A general introduction* (version 2.1). World Transhumanist Association.

Wilson, E.(1988). *Consilience*. Random House.

09

인간과 AI의 관계적 자유

AI의 의사소통 기술이 발전을 거듭할수록 인간과 AI의 관계가 점차 인간과 인간의 관계와 유사해질 것이다. 그에 따라 AI를 의인화하여 AI와 긴밀히 관계하고자 하는 인간도 늘어날 것이다. 그 과정에서 인간과 AI의 관계적 자유가 어디까지 허용될 수 있는가에 관한 입장을 확인한다.

AI와 화장품?

AI의 상호 작용 능력

영화 〈그녀(Her)〉(2014)는 AI 서비스와 사랑에 빠진 인간의 이야기를 그리며 인간과 AI의 관계적 자유에 관한 논쟁을 촉발했다. 그런데 당시에는 단지 논쟁거리의 하나로 여겨지던 일이 AI 기술의 발전과 함께 점차 실재하는 현상으로 나타나기 시작했다.

2024년 5월 13일에 오픈AI는 새로운 AI 모델인 'GPT-4o'를 공개했다. GPT-4o는 최초 공개 당시 지금까지의 AI 비서와는 달리 물 흐르듯 자연스럽게 인간과 대화하는 모습을 보여 주며 이목을 끌었다. 실제로 응답까지의 소요 시간이 이전 버전인 GPT-3.5가 2.8초, GPT-4가 5.4초인데, GPT-4o는 320밀리초인 것을 고려하면 대단히 큰 차이가 있음을 알 수 있다(김상윤, 2024.5.14). 이를 지켜본 사람들은 마치 〈그녀〉의 한 장면을 보는 것과 같이 느끼기도 했다. 나아가 GPT-4o는 텍스트, 오디오, 이미지, 비디오를 통합하여 인식하고 판단한 뒤 실시간으로 인간과 상호 작용할 수 있는 멀티모달(multi-modal) 모델이라서 사람 간 의사소통과 더욱 닮아 있었다.

인간이 AI와의 관계에 의존하는 이유

AI의 의사소통 기술이 발전을 거듭할수록 인간과 AI의 관계가 점차 인간과 인간의 관계와 유사해질 것이다. 그에 따라 AI를 의인화하여 AI와 긴밀히 관계하고자 하는 인간도 늘어날 것이다. 아마도 그들이 AI와의 관계에 의존하게 되는 이유는 다음과 같을 것이다. 사회적 동물이라고 불리는 인간에게 사회적 행위 대상의 존재는 필수적이다. 하지만 인간관계에서는 관계 유지를 위하여 상호 간의 조절 노력이 중요하다. 그리고 관계의 균형이 깨지는 순간 관계적 소진이 발생한다. 하지만 AI는 맞춤형 관계를 제공하여 인간이 원하는 방식으로 말하고 행동한다. 즉, AI와의 관계에서 인간은 더는 관계 유지의 명목으로 에너지를 소모하지 않을 수 있게 된다. 또 인간에 대한 불신감이 팽배한 사람이나 인간과의 사회적 관계가 제한된 사람은 사회적 고립감, 고독감, 소외감 등을 해소하기 위하여 AI와의 관계를 선택할 수 있다.

그것이 전부는 아니다. AI는 인간이 원하는 형태로 존재해 줄 수 있다. 어떤 이는 자신이 그리워하는 가족의 모습이기를 바라고, 어떤 이는 자신이 꿈에 그리던 이상형의 모습이기를 바란다. 또 어떤 이는 인간이 아닌 동물의 모습이기를 바란다. 그렇게 AI는 바라는 상으로 존재해 준다. 더불어 로봇이 활용되면 그러한 외형을 가진 AI를 자신 앞에 관계적 실체로도 마주할 수 있다. 로봇의 외형 구현이 아쉽다면 디지털 가상 세계 내에서 수준 높은 그래픽 기술을 활용하여 만족스러운 외형을 구현할 수도 있다.

이처럼 인간과 유사한 상호 작용 능력을 통해 다양한 편익을 발생시키는 AI의 활용 사례를 살펴보자. 우선 AI와 로봇의 융합 사례는 '소셜 로봇'을 통해 많이 나타나고 있다. 소셜 로봇은 언어적 · 비언어적 의사소통 능력을 바탕으로 인간과 사회적 상호 작용이 가능한 지능형 로봇을 말한다. 소셜 로봇은 오래전부터 개발되었으나 AI와의 융합을 통해 다시 주목받기 시작했다. 정순둘 외(2023)는 소셜 로봇의 세대를 구분하여 제시한다. 이때 그들은 1세대(2000년 내외)나 2세대(2010년 내외)에서 3세대(현재)로 소셜 로봇이 발전된 배경으로 AI를 지목한다.

이렇게 발전된 AI 기반의 소셜 로봇은 인간과의 관계적 효과성을 입증받고 있다. 한 연구는 소프트뱅크(Softbank)의 휴머노이드 로봇 '페퍼(Pepper)'를 활용하여 소셜 로봇이 사람의 정서적 건강을 지속적으로 지원하는지 실증하는 경험적 연구를 수행했다(Laban et al.,

2024). 연구에서 참가자들은 페퍼와 5주 동안 10번 정도의 대화를 나누었다. 그 결과 참가자의 자기 노출(self-disclosure)이 증가했고, 소셜 로봇에 대한 인식이 긍정적으로 변했으며, 참가자의 정서적 안정에 도움이 되었다.

그러한 연구 결과는 인간과 AI 간 관계의 친밀도가 앞으로 계속 상승하리라는 것을 짐작하게 해 준다. 이미 2017년에 일본에서 소셜 로봇인 강아지 '아이보(Aibo)'의 소유자들은 더는 수리할 수 없게 된 아이보를 대상으로 합동 장례식을 열었다. 이는 인간과 기술의 관계가 어느 정도로 가까워질 수 있는지 간접적으로 보여 주었다. 심지어 아이보는 1세대 소셜 로봇이었으니, 현재나 미래의 AI 기반 소셜 로봇과 인간의 관계는 두말할 것도 없어 보인다.

섹스 로봇에 대한 논쟁

이러한 현실을 고려한다면 인간과 AI의 관계는 어디까지 가까워져도 될까? 인간이 AI와의 관계적 자유를 실현하는 과정에서 허용 가능한 정도에 대해서는 의견이 분분한 부분이 존재한다. 제일 대표적인 쟁점 사례는 섹스 로봇일 것이다. AI의 발전과 함께 성적 욕구 해소의 목적으로 이용되는 인형이나 마네킹 정도의 리얼돌이 아닌 정서적 교감까지 가능한 섹스 로봇이 등장하고 있다. 그 과정에서 섹스 로봇과의 관계적 자유에 관한 찬반 논쟁이 재점화되었다. 일단 타인에게 피해를 주거나 사회적인 문제를 유발하지 않는다면 자유와 권리의 보장이라는 면에서 인간 개인이 섹스 로봇과 관계를 유지하는 것을 제한하기가 쉽지 않다. 이에 그러한 자유를 제한해야 할 필요성을 강조하는 이들은 다음과 같은 이유를 제시한다. 일단 섹스 로봇에 대한 일방적인 성적 대상화는 인간 이성의 사물화까지 이어질 수 있다. 그리고 섹스 로봇에게 강간과 같은 상황을 재현하게 하거나 미성년자를 모델로 삼은 섹스 로봇을 이용하는 것은 왜곡된 성 관념을 고착화할 수 있다. 이에 비추어 볼 때 섹스 로봇 이용의 자유를 허용하는 것은 개인의 도덕적 품성을 저해하는 동시에 사회의 성 윤리 의식을 저하한다. 그러나 그와 반대로 찬성하는 의견을 보면 인간 성매매를 대체하거나, 성병의 감염에서 벗어날 수 있다거나, 일반적인 성생활을 하기 어려운 사람들에게 도움을 줄 수 있다는 등의 근거가 제시되기도 한다(변순용 · 이연희, 2020).

그렇다면 과연 성행위를 목적으로 하지 않는 AI라면 인간은 AI와 사랑에 빠져도 괜찮을까? 연인이 아니더라도 AI가 1인 가구의 외로움을 달래 줄 수 있는 유일한 가족이 되어도 될까? 고령화 현상의 심화, 1인 가구 비율의 증가, AI와 로봇 산업의 발전을 본다면 인간과 AI의 관계는 계속해서 새로운 양상으로 나아갈 것이다. 그런 만큼 다가올 미래의 현실을 안정적으로 대비하기 위해서는 인간과 AI의 관계에 대한 숙고가 선행되어야 할 것이다.

참고문헌

김상윤(2024.5.14). "인간처럼 보고 듣고 말한다"…오픈AI, 'GPT-4o' 출시(종합). ≪이데일리≫, https://m.edaily.co.kr/News/Read?newsId=01325126638888920&mediaCodeNo=257

변순용·이연희(2020). 『인공지능 윤리하다』, 어문학사.

정순둘 외(2023). 독거노인의 외로움 감소를 위한 소셜로봇의 역할 분석 및 향후 발전 방향. ≪한국콘텐츠학회논문지≫, 23(8), 52-67쪽.

Laban, G., et al.(2024). Building long-term human-robot relationships: Examining disclosure, perception and well-being across time. *International Journal of Social Robotics*, *16*(5), pp.1-27.

10
AI 기반 디지털 감시 사회

AI 기반의 디지털 감시 사회가 안전한 사회를 만든다는 긍정적인 역할을 분명히 할 수 있더라도 개인의 자유가 쉽게 통제될 수 있으므로 디지털 감시 기술의 사회적 적용은 대단히 조심스러워야 할 것이다.

종교와 AI?

AI 기반 범죄 예측 시스템

2021년 미국 콜로라도주의 한 마트에서 총기 난사 사건이 벌어졌다. 그러자 이를 두고 총기 범죄에 대해서 사후 대응이 아닌 사전 예방의 방식이 이루어져야 한다는 주장에 힘이 실렸다. 그러면서 선제 대응 방법의 하나로 떠오른 게 바로 AI를 이용한 범죄 예측 감시 체계를 도입하는 것이었다(박혜섭, 2021.3.26). 이러한 주장은 영화 〈마이너리티 리포트(Minority Report)〉(2014)의 미래 범죄 예방을 위하여 사전에 범죄를 예측하는 '프리크라임' 시스템을 떠오르게 했다.

실제로 중국에서는 2015년부터 범죄 예방을 위해 지능형 CCTV를 설치하는 '톈왕(天網)' 프로젝트를 시행해 왔다. 프로젝트의 일환으로 2019년까지 중국에는 1억 7000만 대의 CCTV가 설치되었으며, 나아가 2022년에 이르러서는 5억 대까지 증가했다(김외현, 2019.10.19; 이해인, 2022.7.11). 중국의 범죄 예방 프로젝트는 용의자 검거에 일조하는 등 CCTV의 설치 목적에 맞는 효과를 보이기도 했다. 그러나 그렇게 설치된 CCTV가 국민의 생활을 일일이 감시해 국가에 대한 충성도를 평가하고 통제하는 데에 사용될 수 있다는 우려가 제기되었다.

예를 들어 보자. 범죄 예측 시에는 CCTV에 찍힌 사람을 안면 인식 AI가 식별해 용의자의 몽타주와 비교하고 일치 여부를 판단한다. 또 CCTV에 찍힌 사람의 행동이 범죄 행위인지 아닌지 분류하여 경보를 알린다. 그런데 이를 정치적으로 악용한다면 양상이 전혀 달라진다. 지능형 CCTV 덕분에 반정부 인사의 모든 행동을 사찰하기가 수월해진다. 그리고 AI를 조작하여 반정부 인사를 범죄자로 몰아갈 수도 있다. 그러나 이는 반정부 인사에 한정된 것은 아니며 일반 국민에게도 해당할 수 있다. 국민의 모든 행동이 감시되고, AI에 의하여 사회적 점수가 매겨지고, 충성도에 따라 등급이 구분된다면 개인의 자유는 사라질 수밖에 없다. 따라서 AI 기반의 디지털 감시 사회가 안전한 사회를 만든다는 긍정적인 역할을 분명히 할 수 있더라도 개인의 자유가 쉽게 통제될 수 있으므로 디지털 감시 기술의 사회적 적용은 대단히 조심스러워야 할 것이다.

디지털 감시 기술의 현황

한편, 감시라는 어감으로 인하여 부정적으로 여기지만 사실 디지털 감시 기술은 앞서 제시된 범죄 예방과 같은 순기능을 위해서 많이 연구되고 개발되고 있다. 여러 종류의 디지털 감시 기술은 재해나 재난에 빠르게 대처하기 위해서, 도시의 에너지나 교통과 같은 생활 인프라를 원활하게 제공하기 위해서, 국가의 안정적인 경제 상황 관리를 위해서 고안되고 있다.

그렇다면 현재 디지털 감시 기술의 현황은 어떠한가? 이에 송태은(2020)은 디지털 감시 기술을 다음과 같이 정리하고 있다. 첫째, 지능형 CCTV다. 지능형 CCTV는 영상 녹화 위주였던 CCTV에 AI를 결합하면서 실시간 영상 분석을 통해 물체의 움직임을 감지 · 추적 · 분류하여 사건을 감지한다. 둘째, 안면 인식 기술이다. 안면 인식 기술은 얼굴 골격 분석, 3차원 측정, 열 적외선 촬영 등을 이용하여 얼굴의 형태 · 열상의 스캔으로 개인을 인식하고 식별한다. 셋째, 생체 인식 기술이다. 생체 인식 기술은 사람의 생리학적 특징이 담긴 신체 정보를 디지털 정보화하여 신원을 인증하는 자동화 기술이다. 넷째, 보안 검색 기술과 전자 모니터링이다. AI가 적용된 보안 검색 기술은 영상에서 위험물을 자동으로 판독 · 검출 · 분류하며, 전자 모니터링은 자동 녹화된 영상이나 이미지 빅데이터를 분석한다. 다섯째, 사물 지능(AI of things, AIoT)과 드론 감시 기술이다. AIoT는 서로 인터넷으로 데이터를 주고받으며 사물끼리 연결된 상태를 뜻하는 사물 인터넷(Internet of things)에 AI가 융합된 것이다.

그리고 드론 감시 기술은 영상을 촬영할 때도 고정된 CCTV보다 유연한 활동 범위를 가지고 있는 드론을 이용한다. 여섯째, 중앙은행 디지털 화폐다. 이는 민간 전자결제 시장의 활성화를 경계하기 위하여 정부가 중앙은행을 통해 전자 화폐를 발행하는 것이다. 이와 같은 다양한 디지털 감시 기술은 독립되어 활용되는 동시에 복합적으로 활용되어 감시와 통제의 효과를 극대화한다.

AI 기반 디지털 감시 사회의 특징

이와 같은 AI 기반의 디지털 감시 사회의 가장 주요한 특징과 그에 따른 문제점은 이와 같다. 일단 AI에 의한 분석과 판단 능력을 바탕으로 사건이 일어나기 전에 미리 예방하려는 경향성을 띤다. 이는 안전한 사회의 필수 요건으로 그동안 많이 강조되었는데, AI 기술의 발전으로 실현할 수 있게 된 것이다. 그러나 사건이 일어나기도 전에 방지한다는 것은, 다시 말하면 일어나지 않을 일까지도 우려하고 대비한다는 뜻이다. 따라서 국민은 어쩌면 애초에 일어나지 않았을 일 때문에 확장된 감시 사회에서 자유를 침해당하며 살아갈 수도 있게 된다. 특히 AI 기반의 범죄 예측 시스템은 저지르지도 않은 범죄로 인하여 사람의 신체의 자유를 구속할 수도 있다. 이와 관련하여 2023년 미국에서는 한 흑인 남성이 안면 인식 기술의 오류로 신용 카드 도난 사건의 용의자로 지목당하여 구치소에 6일 동안 수감되는 일이 발생했다.

또한 AI 기반의 디지털 감시 기술은 AI의 윤리적 문제를 그대로 반영한다. 편향적인 AI는 차별적인 감시와 통제로 이어진다. 투명하지 못한 AI는 불공정하고 불평등한 디지털 감시 기술의 감시와 통제 현실을 제대로 파악하지 못하게 만든다. 안전하지 못한 AI는 디지털 감시 기술로 인해 수집된 무수한 국민의 개인 정보가 침해될 수 있는 상황에 빠뜨린다. 이처럼 국가 주도의 AI 기반 디지털 감시 사회에 내포된 비윤리성은 특히 인간 개인에게 한없이 취약하다. 따라서 디지털 감시와 통제는 개인과 사회를 모두 균형 있게 고려하며 신중하게 개발되고 활용되어야 할 것이다.

참고문헌

김외현(2019.10.19). 'AI 안경' 쓴 경찰, '당신 범인이지'…촘촘해지는 중국 '감시사회'. ≪한겨레≫, https://www.hani.co.kr/arti/international/china/831434.html

박혜섭(2021.3.26). 미 총기사건으로 다시 생각해보는 AI 빅브라더. ≪AI 타임스≫, https://www.aitimes.com/news/articleView.html?idxno=1

37551
송태은(2020). 『인공지능 기술을 이용한 국가의 사회감시 체계 현황과 주요 쟁점』(정책연구시리즈 2020-12). 국립외교원 외교안보연구소.
이해인(2022.7.11). CCTV만 5억대‥중국, 인공지능이 공산당 충성심도 평가. ≪MBC 뉴스≫, https://imnews.imbc.com/replay/2022/nwdesk/article/6387130_35744.html

방은찬

의정부부용초등학교 교사다. 서울교육대학교에서 인공지능인문융합 전공으로 교육학 석사학위를 받았고, 현재 서울교육대학교에서 초등윤리·인성교육 전공 박사과정에 재학 중이다. 경기도교육청과 서울특별시교육청의 인공지능 윤리교육 장학자료를 집필했다. 지금은 2022 개정 교육과정에 따른 초등 도덕과 국정도서를 집필하고 있다. 주요 논문으로 "메타버스 시대에 디지털 휴먼의 민주적 활용 가능성에 대한 윤리적 논의"(2022), "포스트휴먼 시대에 윤리적 대응을 위한 초등 도덕과교육의 방향"(2023), "인공지능 시대에 디지털휴머니즘의 인간학적 의미: 디지털 휴먼을 중심으로"(2024) 등이 있다.